Klaus Koziol

Gerade jetzt!

Nie war das Christentum wichtiger als heute

Patmos Verlag

VERLAGSGRUPPE PATMOS

PATMOS
ESCHBACH
GRÜNEWALD
THORBECKE
SCHWABEN

Die Verlagsgruppe
mit Sinn für das Leben

Für die Schwabenverlag AG ist Nachhaltigkeit ein wichtiger Maßstab
ihres Handelns. Wir achten daher auf den Einsatz umweltschonen-
der Ressourcen und Materialien. Dieses Buch wurde auf FSC®-
zertifiziertem Papier gedruckt. FSC (Forest Stewardship Council®) ist
eine nicht staatliche, gemeinnützige Organisation, die sich für eine
ökologische und sozial verantwortliche Nutzung der Wälder unserer
Erde einsetzt.

Bibliografische Information der Deutschen Nationalbibliothek
Die Deutsche Nationalbibliothek verzeichnet diese Publikation in
der Deutschen Nationalbibliografie; detaillierte bibliografische Daten
sind im Internet über http://dnb.d-nb.de abrufbar.

© 2013 Patmos Verlag der Schwabenverlag AG, Ostfildern
www.patmos.de

Umschlaggestaltung: Finken & Bumiller, Stuttgart
Druck: CPI – Ebner & Spiegel, Ulm
Hergestellt in Deutschland
ISBN 978-3-8436-0368-3 (Print)
ISBN 978-3-8436- 0369-0 (eBook)

Gerade jetzt!

Inhalt

Das Christentum: gerade jetzt?

In einem sind sich die Christen zumindest in der westlichen Welt einig: Alles ist bemitleidenswert. Ob es der praktizierte Glaube, die gesellschaftliche Entwicklung, die Werte, das Verhalten der Menschen ist, eines scheint allen gemeinsam: Es geht den Bach hinunter, gelebtes Christentum ist auf dem absteigenden Ast, und nun bleibt nur noch das Jammertal.

Und jetzt kommt da einer und will eine Faszination erkennen – eine Faszination für das Christentum! Er will zeigen, warum das Christentum wichtig ist, ja, nie wichtiger war als heute. Entweder ist er in höchstem Maße realitätsblind oder er wohnt in bevorzugter Adresse im Wolkenkuckucksheim. Darauf lässt sich nur antworten: Es ist ja schon gut und es ist ja auch richtig: Wenn man sich die faktische Lage in dieser Gesellschaft ansieht, dann kann einem als Christ doch tatsächlich angst und bange werden, und nichts bleibt von der Faszination – jedenfalls auf den ersten Blick. Das Christentum verliert tatsächlich mehr und mehr seinen angestammten Platz in dieser Gesellschaft, wird zunehmend gleichgestellt mit anderen, dann sogenannten Wertegemeinschaften. Die Kirchen, institutionelle Trägerinnen des Christentums, werden im öffentlichen Diskurs immer weniger wahrgenommen, können immer weniger Anliegen aus dem Geist des Christentums in konkret sichtbarem gesellschaftlichen Handeln zur Geltung bringen. Christliche Werte scheinen bei dieser Entwicklung der Gesellschaft der Moderne kaum gestaltende Bedeutung zu haben, ganz zu schweigen von der jungen Generation, denen christliche Werte oftmals völlig fremd zu sein scheinen. Man muss konstatieren: Das Christentum hat seine Kraft verloren.

Und seien wir ehrlich: Es ist ja auch nicht leicht, sich gerade öffentlich als Christ zu outen, denn seine Funktion und seine Notwendigkeit für die Gestaltung der Moderne und für das Leben des Einzelnen in der Moderne hat das Christentum, wenn überhaupt, dann so zaghaft gesagt, dass es nicht schwerfällt, es zu überhören. Doch die Stimme der öffentlichen Meinung ist lautstark zu vernehmen, die da meldet: Das Christentum hat den Sprung in die Moderne verpasst, es vertritt Werte, die den Menschen der Moderne nicht mehr helfen, es geht auch ohne Christentum, vielleicht sogar besser, weil nicht mehr so viele Verbote die Entwicklung des Menschen behindern. Also doch nicht faszinierend, schon eher frustrierend, sich zu solch alten Werten zu bekennen? Wie soll solch ein Christentum etwas zu bieten haben – für heute, für die vielfältigen Herausforderungen und Probleme der modernen oder nach-modernen Welt?

Ich möchte dagegenhalten: Die Botschaft Christi ist ein Schatz für die Menschen unserer Zeit, weil sie ein umfassendes Heil und ein geglücktes Leben für jeden Menschen ermöglicht, so dass uns das Herz übergehen müsste, trotz allem Leid in dieser Welt von dieser Faszination erzählen zu wollen. Wir dürfen um der Menschen und um uns selbst willen diesen Schatz nicht verstecken, sondern wir müssen ihn auf den Leuchter stellen, damit er seine Leuchtkraft entwickeln kann.

Jedoch: Wenn wir die Botschaft Christi als Schatz gerade für die Menschen der Moderne sehen, dann sind wir auch rechenschaftspflichtig und müssen erklären, warum wir auf Jesus Christus und seine Botschaft setzen. Eine erste Annäherung könnte heißen: Das Christentum ist ein Alternativmodell zur kapitalistischen Moderne, ist eine Alternative, die die Menschen und das Wohl der Menschen zur obersten Maxime macht und nicht den Profit um jeden Preis. Gerade die Menschendienlichkeit des Christentums ist für den einzelnen Menschen sowie für das Gemeinwohl so wichtig und so faszinierend, weil jetzt der Mensch die Chance zum Sinn und die Kraft zum Leben hat, schlicht: der Mensch menschen-würdig leben kann.

Also: Bevor das Christentum gänzlich der Bedeutungslosigkeit anheimgegeben wird, nehmen wir das Christentum – schon aus dem Interesse des Erkenntnisgewinns – ernst, geben ihm eine Chance und fragen: Was hat das Christentum wirklich und tatsächlich für die Moderne und die Menschen der Moderne zu bieten? Ja, was ist so faszinierend an dieser 2000 Jahre alten Botschaft, dass man sagen kann: Gerade die Menschen der Moderne brauchen das Christentum dringender denn je! Gerade jetzt!

Wenn wir das Christentum als Therapeutikum für die Moderne und die Menschen der Moderne anbieten wollen, dann bedarf es zuerst eines Zustandschecks über die Entwicklung der Moderne und über das Menschsein in der Moderne. Denn: Erst muss klar sein, wie der Sachstand aussieht, damit man die Heilmittel adäquat einsetzen kann – nach dem Motto »sehen-urteilen-handeln«.

Also nehmen wir den Zustandscheck der Moderne in Angriff, der allerdings – so steht zu befürchten – nicht gleich eine Faszination ausstrahlt, und fragen: In welcher Zeit leben wir, durch welche Faktoren ist diese Zeit geprägt und was sind die Kennzeichen dieser Zeit?

Die Moderne überholt sich selbst

Wenn man die Moderne zusammenfassend kennzeichnen will, so mit dem Stichwort: Beschleunigung. Alle Dimensionen menschlichen Daseins sind hiervon erfasst, wer kann sich schon vom »Immer schneller«, »Immer mehr« dispensieren? Der immer schnellere Wandel in allen Lebensbereichen ist ein zentrales Signum unserer gegenwärtigen Zeit. Nur einen ungefähren Überblick über einzelne Bereiche unseres Daseins erreichen zu wollen, ist unmöglich, denken wir nur an die Entwicklung in der Technologie. Und wenn wir glauben, uns in einem Bereich auszukennen, können wir sicher sein, dass morgen schon wieder ein neuer Beschleunigungsschub erfolgt. Stillstand heißt Rückschritt, und dies fürchten alle so sehr wie der Teufel das Weihwasser. Schnell ist man von gestern und hat nichts mehr zu bestellen in unserer modernen Zeit. Man stelle sich vor: Jemand verzichtet bewusst auf Handy und E-Mail-Kommunikation und setzt voll auf die Entschleunigung mit handgeschriebenen Briefen. Man sieht: Gegen diesen Beschleunigungsdruck ankämpfen zu wollen, hieße, ein würdiger Nachfolger von Don Quijote zu sein. Die Beschleunigung ist das Kennzeichen der Moderne und somit ein Totalphänomen (so ein Begriff von Marcel Mauss), das alle Lebens- und Gesellschaftsbereiche durchdringt und zur verhaltensnormierenden Vorgabe wird.

Die Technologie und die Konsumgüterindustrie geben den Takt vor. So sind von allen sich auf dem Markt befindlichen Produkten ein Drittel Neuentwicklungen, die vor weniger als drei Jahren eingeführt wurden. Und dieser Wert soll in den nächsten fünf Jahren auf 40 % steigen. Ist doch klar: Stillstand wäre Rückschritt. Können wir eigentlich noch anders?

Beschleunigte Innovation allerorten. Die Mitarbeitenden der Firma Siemens kreierten 2011 rund 8600 Erfindungen, das ist eine Steigerung (Beschleunigung!) um 10 % zum Vorjahr. Patenterstanmeldungen sind es 4300 im Jahr 2011, das ist gar eine Steigerung um 15 % zum Vorjahr. Das heißt: Siemensianer entwickeln 20 Patenterstanmeldungen und 40 Erfindungen pro Tag! Gerade Deutschland lebt von solch einer Innovationsfreudigkeit, bei Siemens hat sich die Zahl der Erfindungen in den letzten zehn Jahren verdoppelt.

Eine wichtige Währung dieser Beschleunigungsgesellschaft ist die Verdopplung. Verdopplungszyklen so eng wie möglich zu halten, heißt, voll im Trend der Moderne zu sein, heißt, an der Spitze des Fortschritts zu sein, heißt, der Beschleuniger schlechthin zu sein.

Leuchten diese Steigerungs- und damit Beschleunigungsraten bei technischen Innovationen noch ein, so sieht man die Grenzen der Beschleunigung in anderen Bereichen, will heißen, dass dort die Beschleunigung durch die Beschleunigung selbst zum Stillstand kommt. Bestes

Beispiel: der Automobilverkehr. So soll der PKW-Verkehr in Deutschland von 2012 bis 2020 um 20 % zunehmen, der LKW-Verkehr gar um 34 %! Von tatsächlicher Beschleunigung auf Deutschlands Autobahnen kann da nicht mehr gesprochen werden. Aber bei klarem Lichte besehen heißt das: Die Zahl der zusätzlich gekauften Autos will ja auch irgendwo bewegt werden, und wenn nur in einen Stau. Schon sehr deutlich erkennt man hier die Grenzen eines »Immer-und-immer-mehr«. Immer schneller eine Verdopplungsrate zu erreichen, führt in vielen Bereichen immer schneller zu einem »Es geht nicht mehr«. Individualverkehr mag hier als Beispiel dienen. Es ist schon absurd: Wir wollen und brauchen immer mehr Mobilität (auch und gerade beruflich), um zum Beispiel mehr Autos produzieren zu können, schaffen es aber mit diesen hohen Zuwachsraten in der Autoproduktion, immer weniger Mobilität zu ermöglichen. Die Beschleunigungsgesellschaft überholt sich selbst – nein: Die Beschleunigungsgesellschaft bremst sich selbst aus!

Ein weiterer Bereich der Beschleunigung, dessen Dynamik wir quasi Tag für Tag verspüren, ist die Kommunikationstechnologie. Die Zahlen und die Zuwachsraten sind gigantisch: 220 Milliarden E-Mails werden weltweit pro Tag verschickt, das sind 107 Billionen E-Mails weltweit pro Jahr. Und was wird angestrebt? Richtig: eine Verdopplung. Die Richtgröße für eine Verdopplung in der Kommunikationstechnologiebranche lautet: zwei Jahre. Alle zwei Jahre soll also die Menge, hier der E-Mails, verdoppelt werden. Man muss langsam schon Mathematik studiert haben, um die Zahlen ausrechnen und aufschreiben zu können. Solche Beschleunigung erschlägt einen wahrhaft.

Oder nehmen wir die Zahl der Handys in Deutschland. Man glaubt es ja kaum: Auf 1000 Einwohner kommen nicht maximal 1000 Handys, die diese 1000 Leute besitzen, sondern 1280 Handys. Alle Menschen haben also in Deutschland ein Handy, ein Viertel dazu noch ein zweites. Vor 25 Jahren hat man fast noch nicht gewusst, was ein Handy ist, und heute ist solch eine Überversorgung eingetreten, genannt Wachstum oder eben beschleunigtes Wachstum. Da es jetzt auch schon Baby-Handys gibt, ist die Versorgung der Bevölkerung tatsächlich erreicht. Wir alle wissen aber, dass dies nicht heißt, die Handy-Industrie könne ihre Arbeit einstellen. Denn: Stillstand ist Rückschritt. Also warten alle gebannt auf die nächste Generation der Handys. So funktioniert die Moderne – oder funktioniert eben auch nicht. Denn ähnlich wie beim Verkehr läuft es eben auch bei der Kommunikationstechnologie nach dem Schema: Schnellere Produktzyklen – umso besser. Schneller sind die Innovationszyklen, aber sind sie auch besser für die Menschen? Schauen wir den E-Mail-Verkehr an: Von allen E-Mails, die wir Tag für Tag bekommen und die in der Summe diese aberwitzige Zahl ausmachen, sind ca. 90 % Spam, also Schrott, der uns zumüllt. Die Beschleunigung kommt an ihre Grenzen. Und das gilt auch bald für die Infrastruktur, die kabelmäßig für das Internet nötig ist: Immer mehr Datenmaterial im Netz löst Datenstaus aus, mit der Gefahr, dass das Netz kollabiert. Na dann, schöne Beschleunigung!

Und: Sind wir klüger, gar glücklicher geworden, weil zum Beispiel unser durchschnittlicher Fernsehkonsum von circa zwei Stunden am Tag von vor 20 Jahren auf heute 220 Minuten, also auf über 3½ Stunden hochschnellte? Die Moderne misst Fortschritt mit Verdopplung, beim Menschen kommt diese Verdopplung oft genug als Verdopplung der Unübersichtlichkeit an. Die Maschinerie des »Immer-mehr« läuft, aber hinken wir nicht immer mehr hinterher? Ist dieser Fortschritt noch für die Menschen gemacht oder perpetuiert er sich nicht selbst? Und: Wie soll dieser Prozess der Verdopplung weitergehen? Kann bei Lichte besehen diese Verdopplung sich ewig weiterdrehen? Und wenn ja: wohin? Wundert es, wenn Franz-Xaver Kaufmann als »das bedrohlich Wirkende der Moderne, (…) die kollektive Ziellosigkeit«[1] ausmacht? Die Beschleunigungsgesellschaft überholt sich selbst und bremst sich dadurch selbst aus, doch welche Bremsspuren und Kollateralschäden hinterlässt das bei den Menschen und in der Gesellschaft? Kann man da nicht verstehen, wenn immer mehr Menschen sagen: Es ist genug?

Institutionen werden zu Gummitigern

Die Beschleunigungsgesellschaft fordert den Menschen und sie überfordert ihn. Das war schon zu allen Zeiten so, nur eben unter anderen Beschleunigungsgeschwindigkeiten. So wurde beim Bau der ersten Eisenbahnen in Deutschland gefordert, Wälle links und rechts der Gleise aufzubauen, weil das menschliche Fassungsvermögen mit den schnellen Sinneseindrücken bei der Fahrt überfordert sei. Doch was ist in der Moderne neu? Geblieben ist erst einmal das Bedürfnis der Menschen, nicht von den vielfältigsten Informationen und Stimuli erschlagen zu werden, sondern alle Phänomene dieser Welt wertend einordnen zu können. Hier kamen die Institutionen ins Spiel, die sich die Menschen als Orientierungshelfer geschaffen haben. Nicht um jedes Phänomen in der Welt kann sich jeder Mensch kümmern, gewichten und werten, und so hat er diese Aufgabe an verschiedene Institutionen delegiert, die ihn bei dieser Ordnungs- und Orientierungsleistung unterstützen. Staat, Schule, Kirche, Vereine oder Parteien, aber auch viele anderen Institutionen wählen – idealiter – aus der Fülle der Phänomene aus und sagen dem Menschen: Das kann und muss dich interessieren, weil es über den Tag hinaus wichtig ist. In diesem Sinne sind Institutionen gleichsam Spamfilter und GPS in einem. Diese Stabilität über den Tag hinaus zeichnet Institutionen aus, und sie bieten solchermaßen »befriedete Räume« an, wie Norbert Elias es nennt.

Und in der Beschleunigungsgesellschaft der Moderne? Man stelle sich vor, da tritt jemand als Vertreter einer Institution auf und sagt: Wir bieten Stabilität über den Tag hinaus. Ein größerer Widerspruch zur Beschleunigungsmentalität der Moderne lässt sich kaum ausmachen. Denn: Wenn die Beschleunigung ein Totalphänomen ist, das alle Lebensbereiche dominiert, warum sollten dann die Institutionen davon unberührt bleiben? Und sie bleiben auch nicht unberührt davon, ganz im Gegenteil: Institutionen fallen der Beschleunigungsgesellschaft zum Opfer, können ihre Legitimation für ein »Über den Tag hinaus« nicht mehr belegen und kämpfen mit einem schleichenden, aber umso fortschreitenderen Bedeutungsverlust. Die Beschleunigungsgesellschaft hat ihr erstes Opfer! Und hat sie mit dem Menschen auch gleich ihr zweites?

Institutionen gaben – bei aller Härte und Unbedingtheit – den Menschen Orientierung und Halt im stetigen Strom der Informationen und Anforderungen: überlebensnotwendige Orientierung und Halt. Doch wer steht dem Menschen nach dem Bedeutungsverlust der Institutionen nun als Orientierungshelfer bei? Mutet man dem Menschen nicht Menschenunmögliches zu, selbst in allem Entscheidungen treffen zu müssen, oder herrscht gar ein »Anything goes«, bei dem es dann um eine zu konstatierende Ziellosigkeit geht und diese zum Prinzip der Moderne emporgehoben wird? Ralf Dahrendorf zieht hieraus die Konsequenz für die Menschen: Es existiere in der Moderne eine »Welt ohne Halt«, »denn die Haltlosigkeit scheint mir im Doppelsinn ihr Merkmal: keiner kann sie halten, und wir finden in ihr keinen Halt.«[2]

Das ist eine passende Beschreibung der Beschleunigungsgesellschaft: Keiner kann sie halten, und wir finden in ihr keinen Halt. Die Beschleunigungsgesellschaft dreht sich so schnell, dass der Mensch nicht mehr mitkommt und die Beschleunigung als Geist nicht mehr in die Flasche zurückgeholt werden kann. Beschleunigung wird ziellos und gefährlich, weil der Mensch nicht mehr »Träger, Schöpfer und Ziel aller gesellschaftlichen Einrichtungen«

ist, wie es Papst Johannes XXIII. als Forderung in seiner Enzyklika *Mater et Magistra* 1961 formuliert. Die Beschleunigungsgesellschaft der Moderne stellt sich dem Menschen zunehmend als feindselig und furcherregend entgegen, weil der Mensch nicht mehr den Eindruck haben kann, hier sei eine von Menschen gesteuerte Entwicklung am Werk, sondern die Beschleunigung beschleunigt sich um ihrer selbst willen. Fortschritt wird nicht mehr als Fortschritt von Menschen für Menschen wahrgenommen, denn Fortschritt nimmt den Menschen nicht mehr wahr, und letztlich nimmt sich der Mensch in diesem Prozess selbst nicht mehr wahr, weil die Dominanz der gesellschaftlichen Beschleunigung mit solch einem durchdringenden »Das ist der einzige Weg, und wer das nicht sieht, muss den Fehler bei sich suchen« auftritt, dass Widerspruch von einem selbst als persönlicher Makel wahrgenommen wird. Nach dem Motto: Ich bin zu schwach, ich schaffe das Tempo nicht.

So werden nicht nur die Institutionen in der beschleunigten Moderne zu Gummitigern, sondern letztlich auch der Mensch, hilf- und willenlos dem vermeintlichen Fortschritt ausgesetzt.

Öffentlichkeit mutiert zum Anti-Dialog

Eine wichtige Institution, die es bisher ermöglichte, grundlegende Fragen und Anfragen an gesellschaftliche Entwicklungen zu stellen, war die Öffentlichkeit, die aber – wen wundert's – auch dem beschleunigten gesellschaft-

lichen Wandel zum Opfer fällt. Ihr Auftrag, ein ent-
schleunigtes Austarieren und Kondensieren unterschied-
licher Meinungen innerhalb einer Gesellschaft zu
ermöglichen, ihre Verpflichtung zu – idealiter – nach-
vollziehbaren Grundmustern und Entscheidungen, beides wird in der beschleunigten Moderne nicht mehr gebraucht. Alles hat sich zu beschleunigen, nicht manches
mehr und manches – nach öffentlich ausgetragener Wer-
teentscheidung – weniger. Ein öffentlicher Diskurs ist dabei nur hinderlich! Aber wir dürfen nicht vergessen: Das
Forum der Öffentlichkeit war eine reife Einlösung der
Aufklärung und unhintergehbare Voraussetzung für Demokratie, ja für die Ermöglichung einer Gesellschaft, die
mental auf dem Gefühl der Zusammengehörigkeit be-
ruht. Gesellschaft ist auf Kommunikation gegründet und
wird im realen öffentlichen Vollzug eingelöst. Wenn man
so will, ist Öffentlichkeit die gesellschafts- und demokra-
tiestiftende Voraussetzung, das Herzstück schlechthin.
Aber nicht nur Gesellschaft wird durch öffentliche Kommunikation ermöglicht, auch das Menschsein ist konstitutiv durch öffentliche Kommunikation gegründet und
begründet. Nicht nur die schiere Masse an Information,
die wir über die Medien der öffentlichen Kommunikation täglich erhalten, ist Taktgeber für unser Leben und
für unsere Sicht auf das Leben, nein: Gerade auch die Inhalte der Massenmedien konstituieren und präformieren
den Wertehaushalt der einzelnen Menschen in signi-
fikanter Weise. Ob legitimiert oder eben auch nicht, die
Inhalte der massenmedialen Kommunikation treten auf
als Kondensat gesellschaftlicher Meinungen und Orien-

tierungsmuster für individuelle Verhaltensweisen. Durch die Belieferung des Forums der Öffentlichkeit mit allen relevanten Themen findet in solcher Weise über die Massenkommunikation eine Zusammenführung gesellschaftlicher Meinungsströme statt, in der sich integrationsstiftend möglichst viele Menschen und Interessen wiederfinden können. Themenkarrieren können so einem gesellschaftlichen und somit öffentlichen Diskurs entspringen und bringen dadurch eine gesellschaftliche Legitimierung und einen Anspruch auf Geltung und Gültigkeit mit sich.

Die Situation bis Mitte der 1980er-Jahre war von einer medialen Struktur gekennzeichnet, die für öffentlich zusammengeführte Kommunikation gut geeignet war: Es gab nur drei Programme öffentlich-rechtlichen Fernsehens, das ja in sich auch noch den Auftrag hatte, die gesellschaftliche Wirklichkeit ausgewogen und umfassend – integrierend – abbilden zu sollen. Im Zeitungs- und Zeitschriftensegment war die Anzahl der auf dem Markt befindlichen Medienobjekte sehr überschaubar.

Doch der technische Wandel (= Beschleunigung) änderte diese Situation grundlegend. War es bis dato durch die Frequenzstruktur nicht möglich, mehr Fernseh- und Radioprogramme ausstrahlen zu können, so änderte sich diese Situation durch Satelliten-, Kabel- und Digitaltechnik dramatisch. Hunderte von Fernseh- und Radioprogrammen können nun empfangen werden. Der Markt nahm das Angebot an und explodierte gleichsam. ARD und ZDF verloren ihre alleinige Marktführerschaft, das Publikum verteilte sich nun nach Interessen und Vorlieben auf jetzt neu zur Verfügung gestellte Sender- und Programmangebote. Das bisher eine und zumindest vom Anspruch her zusammenführende und gesellschaftlich einende Fernsehmedium wurde aufgesprengt in je eigene, jeweilige Zielgruppen genau bedienende Programmangebote.

Und eine sattsam bekannte, neue (technische) Revolution kam hinzu: das Internet. Zielgruppengenaue Ansprache kann jetzt so verfeinert werden, dass jeder Mensch genau die Informationen erhält, die für ihn bedürfnisgemäß zugeschnitten sind. So schafft es beispielsweise Google bei zwei unterschiedlichen Nutzern, die denselben Suchbegriff eingeben, je unterschiedliche Informationstreffer zur Verfügung zu stellen, ausgewertet nach dem je unterschiedlichen bisherigen Nutzungsverhalten.

Öffentlichkeit löst sich in diesem Prozess des Übergangs von der Massenkommunikation zur Individualkommunikation auf, hin zu je spezifischen, zielgruppenumfassenden Inseln, in denen eine hohe Kommunikationsdichte herrscht mit solch konfigurierten Inhalten, die eben nur die intendierte Zielgruppe interessieren und solche Inhalte ausschließt, die andere kommunikative Inseln mit anderen Zielgruppenbedürfnissen interessieren. Öffentlichkeit mutiert zu Öffentlichkeiten im Plural, Öffentlichkeiten, denen sukzessive das einende Band fehlt, weil man schlicht nicht mehr daran interessiert sein braucht, welche Themen andere kommunikative Inseln beschäftigen. Man lebt in einer scheinbaren »Gesamtgesellschaft«, aber in je anderen kommunikativen Welten mit je anderen Wertestrukturen. Man hat sich, will sich und braucht sich zwischen den kommunikativen Inseln nichts mehr zu sagen, weil man seine Informationen und Bestätigungen innerhalb der eigenen kommunikativen Insel holen kann.

Doch das Problem beginnt dort, wo Notwendigkeiten auftreten, die nicht »inselspezifisch« gelöst werden können, sondern von der Gesamtgesellschaft gelöst werden müssten, wobei hier nicht mehr von Gesellschaft geredet werden kann, sondern besser von der Gesamtheit der kommunikativen Inseln. Wie soll dies aber funktionieren, wenn das entscheidende »Werkzeug« für das Gelingen eines solchen Austarierens von anstehenden Notwendigkeiten, eben das Forum der Öffentlichkeit, nur noch in Rudimenten vorhanden ist?

Wenn unsere These besagt, dass sich die Moderne selbst zerstört, dann ist der Verlust der Öffentlichkeit ein weiterer Schritt dahin, dass es eine Gesellschaft der Moderne eigentlich nicht geben kann, setzt doch Gesellschaft ein bestimmtes Maß an gemeinsamen Werten und Handlungsmustern voraus. Die Gesellschaft der Moderne hingegen ist eine Gesellschaft der Einzelnen, in der jeder für sich zu sorgen hat und die Sorge um das Gemeinwohl nicht mehr in die moderne Zeit passt.

Der Kapitalismus geht an sich selbst zugrunde

Als Charakteristikum der Moderne und gleichzeitig als deren Problemanzeige konnten wir die Beschleunigung identifizieren, eine Beschleunigung, die zum Wesen der Moderne, aber auch zu ihrer mentalen Leitvorstellung gehört. Doch diese Beschleunigung hinterlässt Kollateralschäden. Die Beschleunigung reißt gesellschaftliche Stabilisatoren aus ihren Fundamenten, mit der Konsequenz, dass diese ihre helfende Funktion für Mensch und Gesellschaft verlieren. Und eines wird kommen: Die Beschleunigung beschleunigt sich so sehr, dass sie sich selbst ausbremst, weil ein »Noch-mehr« nicht mehr funktioniert.

Genau vor diesem Problem steht auch der Kapitalismus, der ja nicht nur das Wirtschaftssystem der Moderne ist, sondern gleichermaßen die Inkarnation ihrer Leitvorstellung: immer schneller, immer mehr – die Beschleunigung in ihrer Reinkultur. Und wie es links und rechts von diesem Mainstream aussieht, das hat einen Kapitalismus nicht zu interessieren, er marschiert in seinem »Immer-schneller«, »Immer-mehr«, einfach weiter, beschleunigt immer mehr seine Wachstumszahlen, treibt immer mehr den Konsum in die Höhe, den Motor des beschleunigten Kapitalismus und der Moderne schlechthin.

Doch dem Gesetz der ausgebremsten Beschleunigung erliegt allmählich auch der Kapitalismus. Erst einmal, so eigenartig es klingen mag: Der Kapitalismus kommt nicht von außen (wer oder was das auch sein mag) in

Schwierigkeiten, sondern wegen seines eigenen Erfolges. Sein Erfolg heißt: Es wird mehr und immer mehr produziert, das ist der Erfolg, aber wer soll das alles kaufen und konsumieren, wenn man sukzessive schon alles hat? Das ist der entscheidende Knackpunkt für den Kapitalismus. Er ist konstitutiv aufgebaut auf Wachstum, aber was ist, wenn das beschleunigte Wachstum an Grenzen gerät oder aber ausbleibt, weil die Märkte so durch den Erfolg des Kapitalismus gesättigt sind, dass ein »Immer-schneller« und »Immer-mehr« nicht mehr funktioniert? »Wenn der Durchschnittsdeutsche die 10.000 Dinge, die er inzwischen besitzt, alle erst einmal ausführlich benutzt, bleibt wenig Raum, um sich neue zu kaufen. Der Konsum, eigentlich essenziell für den Kapitalismus, wird dann zum Bremsklotz der Maschine. Denn damit die Wirtschaft wächst, müsste ständig neu gekauft werden. Lösen lässt sich das Problem, indem man die Leute dazu bringt, zu kaufen, ohne zu konsumieren. Also noch mehr Bücher ins Regal, noch mehr Kleider in den Schrank, noch mehr Spielsachen ins Kinderzimmer packen und sie dann möglichst schnell zu vergessen, um wieder neue zu kaufen. Mit geschickter Werbung lässt sich das schon bewerkstelligen, aber es ist schwierig, es ist teuer, und irgendwann schafft man es nicht mehr. So wird die kapitalistische Maschine erst langsamer. Dann bleibt sie stehen.«[3] Der Kapitalismus scheitert also an seiner eigenen Potenz, immer schneller und immer mehr produzieren zu müssen und zu können. Doch wer soll das alles konsumieren, zumindest kaufen?

Zugegeben: Das kapitalistische Prinzip wird nicht unmittelbar in den nächsten Tagen an sich selbst scheitern, lassen wir es noch eine Zeit so in seinem Beschleunigungswahn weitermachen, freilich gestützt von staatlichen Maßnahmen. Doch seien wir realistisch: Die kapitalistische Maschine wird langsamer und bleibt irgendwann ganz und endgültig stehen. Früher oder ein wenig später – und dann? Sind wir darauf vorbereitet, funktioniert ein Kapitalismus auch ohne Wachstum, gar mit einem »negativen Wachstum«? Welche zielführende Vision haben wir für die Zeit nach dem Kapitalismus der Moderne? Wollen und brauchen wir hierzu Grundoptionen, oder überlassen wir alles dem Spiel des Marktes?

Wollen wir nicht so tun: Der Kapitalismus der Moderne beherrscht zwar unser ganzes Leben, aber nur, wer die Spielregeln des Kapitalismus beherrscht, gehört nicht zu den Loosern, die am Beschleunigungstrieb der kapitalistischen Moderne scheitern. Papst Johannes Paul II., einer der schärfsten Kritiker des Kapitalismus, spricht gar in seiner Enzyklika *Sollicitudo rei socialis* (1987) von einer »Struktur der Sünde« (Kap. 36), auf der der Kapitalismus fußt. Und diese »Struktur der Sünde« verlangt ihre Opfer: Selbst in einem so hoch entwickelten Land wie Deutschland liegen nach einer Studie des Deutschen Instituts für Wirtschaftsforschung (DIW) aus dem Jahr 2010 rund 11,5 Millionen Menschen mit ihrem verfügbaren Einkommen unter der Armutsgrenze. Dies entspricht rund 14 % der deutschen Bevölkerung. Das sind 4 % mehr als noch vor zehn Jahren. Besonders gefährdet sind Haushalte mit Kindern.[4]

Man stelle sich vor: Armut in solch starkem Ausmaß in solch einem reichen Land wie Deutschland! Und es ist nicht genug: Die Kluft zwischen Arm und Reich wächst in Deutschland so rapide wie in kaum einem anderen Land. Dies zeigt eine Studie der OECD aus dem Jahr 2011: »Zuletzt – die neuesten Zahlen stammen aus 2008 – hatten die obersten zehn Prozent in der Einkommenshierarchie hierzulande achtmal so viel Geld zur Verfügung wie die untersten zehn Prozent. Oben lag das durchschnittliche Netto bei 57.300 Euro im Jahr, unten bei 7.400 Euro. Dabei sind alle Arten von Einkommen eingerechnet. In den 90er-Jahren war der Abstand noch kleiner. Damals hatten die Spitzenverdiener nicht achtmal, sondern nur sechsmal so viel Geld wie die ganz unten. Der Trend ist also eindeutig.«[5] Wie sagt es prägnant der Nobelpreisträger Joseph Stiglitz: Unter der Gier von 1 % leiden 99 % der Weltbevölkerung. Also: Wer auf der Welle der Beschleunigung mitschwimmen kann, ist ganz oben und kommt geldmäßig ganz weit; wer es nicht schafft, die Welle zu erwischen, geht unter. Das ist die Beschleunigungspraxis des Kapitalismus der modernen Gesellschaft.

Etliche werden nun sagen: So ist eben das Leben, jeder muss nach sich schauen, es wird immer Verlierer geben. Aber Vorsicht: Solche soziale Ungleichheit – massenhafte Armut und zynischer Reichtum einiger weniger – ist keineswegs nur ärgerlich und damit zu vergessen. Für den OECD-Generalsekretär Angel Gurria heißt das: »Zunehmende Ungleichheit schwächt die Wirtschaftskraft eines Landes, sie gefährdet den sozialen Zusammenhalt und schafft politische Instabilität.«[6]

Der soziale Friede ist also eine entscheidende Voraussetzung für die Wirtschaftskraft eines Landes. In einem sozial tief gespaltenen Land sind keine Bedingungen gegeben, die profitables Wirtschaften ermöglichen. Ganz zentral: Die »licence to operate«, also die Erlaubnis für eine Wirtschaftsordnung, kommt nicht von wenigen Wirtschaftsführern, sondern von den Menschen, die hiervon betroffen sind, also der Gesamtbevölkerung.

Und wenn dort die Akzeptanz schwindet, dann ist langfristig das betreffende Wirtschaftssystem nicht zu halten. Auch hierzu gibt es erschreckende Werte: »Nach neueren empirischen Untersuchungen vertrauten 2006 nur noch 27 % der Deutschen darauf, dass die Bevölkerung profitiert, wenn es den Unternehmen gut geht. Jeder Dritte hält Gewinne gar für unmoralisch.«[7] Und nach einer Studie des kanadischen Meinungsforschungsunternehmens Globescan finden weltweit nur noch elf Prozent, dass der Kapitalismus gut funktioniere.[8]

Die Beschleunigung in der Moderne lässt aber nicht nur die Menschen zurück, sondern auch die Natur muss dem Beschleunigungswahn der Moderne ihren Preis zahlen.

So warnt ein Bericht der UNO-Umweltorganisation vom 12. Mai 2011, die wichtigen Naturressourcen für das Wirtschaftswachstum, nämlich Mineralien, Erze und fossile Brennstoffe, gingen in den nächsten Jahren zur Neige. Dabei ist die gefräßige Beschleunigung der Naturausbeutung weiterhin ungehemmt. So sollen nach dem UNO-Bericht 140 Milliarden Tonnen der genannten Rohstoffe Mitte des Jahrhunderts pro Jahr verbraucht werden, das wäre das Dreifache des heutigen Wertes. Der

Planet stehe – gerade auch wegen der ökologischen Folgen – nach den Worten des UNO-Generalsekretärs Ban Ki-moon »unter einem enormen Druck.«[9]

So kann es mit der Beschleunigung nicht weitergehen, so kann es mit der Ausbeutung der Natur, dem Zurücklassen der Menschen, so kann es mit dem Kapitalismus nicht weitergehen. Und doch: Keiner wagt, das Wachstumsdogma des kapitalistischen Wirtschaftssystems mit all seinen sich selbst verunmöglichenden Folgen ernsthaft infrage zu stellen. Jeder scheint mit einem als Pragmatismus getarnten »Es wird schon noch morgen gehen« die Augen vor einem Übermorgen zu verschließen. Sind wir denn alle Lemminge?

Es muss uns klar sein: Der jetzt noch bestehende Beschleunigungskapitalismus gehört der Vergangenheit an. Es ist eine einfache Rechnung: Die ihn tragenden Bedingungen werden immer brüchiger. So wird die kapitalistische Maschine erst langsamer. Dann bleibt sie stehen!

Die Aufklärung pervertiert zur Irrationalität

Das Beschleunigungsdogma der Moderne stellt also alle Lebensbereiche unter sein Diktat. Wer sich diesem permanenten Wandel nicht beugt, hat schon verloren. Gerade die gesellschaftlichen Institutionen, die diesen Wandel hinterfragen wollen, auch fragen wollen, ob alle Menschen bei diesem permanenten Wandel noch mitkommen können, sind auf dem Verliererposten. Aber mit ihnen verlieren auch die Funktionen, für die sie stehen:

nämlich die Funktion der Orientierung im Strom des Wandels und die Notwendigkeit einer Integration möglichst vieler Menschen und sozialer Gruppen ins Gesellschaftsganze.

Was hält aber nun eine Gesellschaft der Moderne gerade auch mental zusammen, wenn Institutionen, Öffentlichkeit und Nationalstaat ihre integrierende Kraft im Zuge der Beschleunigung verlieren? Eines zieht immer: Es ist die Emotionalität der Erregung. Wenn 80 % einer Kaufentscheidung emotional begründet sind, warum soll diese Verhaltensbegründung nicht auch für andere Lebensbereiche gelten? So bieten der öffentlich erzeugte Sensationalismus und die Skandalisierung, beides auf die Emotionalität eines Menschen abzielend, Aufmerksamkeitspotenzial. Vernunft scheint ausgedient zu haben, ist sie doch auch eines von den Relikten einer vormodernen Zeit, die eine Reflexion und eine Zeit für Reflexion, also eine Entschleunigung, für sich beanspruchen. Emotionalität ist angesagt, lässt sie sich doch gerne mitreißen vom Strom der beschleunigten Erregtheiten.

Wenn Emotionalität herrscht und Vernunft zu kurz kommt, dann sind Irrationalitäten vorprogrammiert. Diskurse sind Hemmschuhe und fallen sofort Politikern zum Opfer, die mit ihrem emotional aufgeladenen Charisma über jedes Argument dominieren. Emotionalität schlägt Vernunft, Charisma den argumentativen Diskurs, herauskommt der Kampfbegriff der beschleunigten Moderne: There is no alternative! Zum Unwort des Jahres 2010 gekürt zeigt »alternativlos« das wahre Gesicht der Moderne. Besser könnte nicht gezeigt werden, wie wenig die Moderne auf Argument und Diskurs ausgelegt ist und sein will. Gerade Politiker stellen sich hin und verkünden, eine bestimmte Entscheidung sei notwendig und alternativlos. Und wir mündigen Bürgerinnen und Bürger sind schon ganz Kinder der Moderne und hinterfragen nicht einmal mehr das anscheinend Alternativlose, weil auch wir voll infiziert sind vom: Wir haben in dieser Beschleunigungszeit keine Zeit, die man für Argumente und Diskurse bräuchte, es bleibt nur noch ein Entscheidungszeitraum von wenigen Minuten.

Ohne jegliches Murren lassen wir uns die Freiheit zur Nachfrage und insbesondere die Freiheit zum argumentativen Diskurs nehmen. Und weil eben kaum jemand das »alternativlos« hinterfragt, alle anscheinend die alternativlose Entscheidung akzeptieren, entsteht ein mentaler Kreislauf: Ich wage mich als potenzieller Nachfrager nicht, mich als vormodern zu outen, es gibt keinen breiten Widerspruch zum »alternativlos«, also kann das alternativlos Vorgeschlagene auch gar nicht so schlecht sein, es wird wohl tatsächlich alternativlos sein. Und ehe man sich versieht, ist aus dem mündigen Bürger ein Gummitiger geworden, der Angst davor hat, vor dem »alternativlos« einer Masse eine eigene Meinung zu haben.[10] Wie sehr Menschen dieses »alternativlos« satt haben können, zeigt die Auseinandersetzung um »Stuttgart 21«, in der es lange nicht um die Frage ging, wie die betroffenen Menschen in den Entscheidungsprozess eingebunden sind, sondern wie man sie »mitnehmen«, also zum »Alternativlos« hinführen könnte.

Aber Vorsicht: Eine Gesellschaft, die die Menschen nur noch »mitnimmt«, verliert ihre Gestaltungskraft, die notwendig ist, wenn der Beschleunigungsmotor nicht mehr so funktioniert. Man kann die Menschen nicht auf eine erregte Emotionalität hin konditionieren und bei Problemen nach konstruktiven Lösungsvorschlägen verlangen. So verlieren die Menschen sukzessive ihre Souveränität, ihr Leben und das Schicksal einer Gesellschaft mit in die Hand zu nehmen, gerade dann, wenn die Beschleunigung die Moderne so ins Trudeln bringt, dass Emotionalität nicht mehr weiterhilft, sondern rationale Entscheidungen gefragt wären. Die Moderne zerstört sich selbst, und wir schauen zu und wissen nicht, was wir tun sollen.

Die Moderne zerstört den Menschen

Die Beschleunigungsgesellschaft entlässt ihre Kinder, so hätte man dieses Kapitel auch überschreiben können. Denn: Es ist doch selbstverständlich, dass gesellschaftliche Entwicklungen, gerade dieser beschleunigten dramatischen Art, auch in extenso die Menschen, ihr Weltbild und ihre Verhaltensmuster tangieren und verändern. Der Mensch schafft sich die gesellschaftlichen Veränderungen – ist davon betroffen und muss darauf wiederum reagieren. Unsere These zum Menschsein in der Beschleunigungsgesellschaft der Moderne heißt: Der Mensch trägt zunehmend an einer Überlast, die ihn allmählich zu erdrücken droht. Und: Der Mensch sieht sich zunehmend alleingelassen in und mit dieser Entwicklung, sind doch die bisherigen Einordnungs- und Beistandshelfer wie Institutionen und haltgebende Wertemuster ebenso von der erschlagenden Wirkmächtigkeit der Moderne in allen Lebensbereichen betroffen.

Der Eintritt des Menschen in die selbstverschuldete Gesellschaft des »Immer-mehr« hat seinen Preis: Ein Immer-mehr an Produktion und Verbrauch, ein »Immer-mehr« an Leistung und Versagensängsten schafft einen Menschen, der immer mehr leidet an dieser Überlast des

»Immer-mehr« und immer weniger das Gefühl hat, sein Leben selbststeuernd und sinnvoll leben zu können.

Es ist paradox und perfide: Die Existenzberechtigung der Moderne ist in ihrer jetzigen Dynamik so unhinterfragbar gesellschaftlich legitimiert, dass der Mensch nicht an ihr zweifelt, wohl aber an ihr verzweifelt und mithin an sich selbst verzweifelt, weil er sich der Moderne nicht gewachsen sieht.

Depressiv statt hoffnungsvoll

Es ist ja nicht so, dass Zahlen immer schon das Problem benennen können, aber immerhin: Nach einer Studie aus dem Jahr 2011 »leiden jedes Jahr 38,2 Prozent der Europäer oder 164,8 Millionen Menschen an einer neuropsychiatrischen Störung. Besonders verbreitet seien mit einem Anteil von 14 Prozent die Angststörungen, gefolgt von Schlaflosigkeit (7 Prozent), unipolarer Depression (6,9 Prozent), psychosomatischen Erkrankungen (6,3 Prozent), Alkohol- und Drogenabhängigkeit (mehr als 4 Prozent) Deutlich unterscheiden sich die Geschlechter: Frauen leiden häufiger an Depression, Migräne, Panikattacken und posttraumatischen Belastungsstörungen. Männer liegen beim Alkoholkonsum an der Spitze.«[11] Und da sage noch einer, die Moderne bedeute einen Fortschritt für die Menschen. Fortschritt ja, aber eher eine fortschreitende Gefahr, sich und sein Leben in der Moderne nicht in Einklang zu bringen. So mussten 2007 erstmals mehr Menschen mit psychischen Leiden ins

Krankenhaus als mit Herz-Kreislauf-Erkrankungen, wobei ja auch Herz-Kreislauf-Erkrankungen Konsequenzen aus einem beschleunigten Lebenswandel sein können. Die Zahl der »Fußkranken«, die die Moderne zurücklässt, weil sie mit der Geschwindigkeit der vonstattengehenden Entwicklungen nicht mehr mitkommen, nimmt rasant zu. Einige wenige können einen Gewinn aus den Früchten der Moderne ziehen, für viele andere geht es ums Überleben – materiell, sozial, emotional.

Und die Moderne hält keine Story bereit, an die sich auch ihre Verlierer noch halbwegs als Versprechen in die Zukunft stärkend halten könnten. Denn das Versprechen der Moderne für die Zukunft heißt ja nicht immer besser, sondern immer mehr vom »Immer-mehr«, es gibt keine ethische Qualifizierung nach der Vorgabe: Zur Steigerung der Lebensqualität brauchen wir in bestimmten Bereichen tatsächlich immer noch mehr von einem »Noch-mehr«, sondern die Botschaft der Moderne heißt ja, einfach ein »Immer-mehr« in allen Bereichen. Was folgerichtig dann auch impliziert ist, ist ein »Immer-mehr« an seelisch-emotionalen Störungen und Erkrankungen: Die Moderne entlässt ihre Verlierer und Kranken – und das immer mehr.

Entgrenzung bringt Selbstgettoisierung

Die Moderne ist angetreten, um Grenzen zu sprengen: Grenzen einer wirtschaftlichen Limitierung, Grenzen einer Ausnutzung wirtschaftlicher Chancen, Grenzen der

Leistung menschlicher Arbeit. Und man muss sagen, die Moderne hat ihr Ziel erreicht.

Aber die Grenzsprengung auf der wirtschaftlichen Seite hat zwangsweise die Grenzsprengung auf der sozial-gesellschaftlichen Seite zur Folge. »Anything goes« wird gerade im zwischenmenschlichen und im individuellen Bereich zur Maxime und Vorgabe, aber eben auch zur Belastung. Begrenzungshelfer waren dazu da, die Sicherheit zu vermitteln, innerhalb einer bestimmten Grenze befriedet leben zu können. Gerade für die Begrenzungshelfer-Institutionen galt, Begrenzung soll Halt schaffen, die Achtung gesellschaftlicher »Grenzpfosten« soll ein Leben und Zusammenleben ermöglichen. Man verliert dabei an Möglichkeiten, gewinnt aber gleichzeitig an Stabilität für sein eigenes Leben.

Fallen nun aber mit der Moderne immer mehr Begrenzungshelfer, ob Institutionen, Normen, verbindliche Wertemuster, immer stärker einem Bedeutungsverlust zum Opfer, steht der Mensch plötzlich alleine da, muss selbst alles beurteilen und hat keine Begrenzungs- und damit Entscheidungshelfer mehr zur Seite. Für viele führt dies zu einer »panischen Selbsterfahrung des Daseins«.[12] Wenn vorgegebene und in diesem Sinne menschendienliche Grenzen wegfallen, dann führt es nach Peter Sloterdijk zu einer »Selbstumzingelung des Menschen.«[13] »Man ist auf sich selbst geworfen und kann sich nicht brauchen.«[14] Die Welt wird einem fremd – Odo Marquard spricht hier von einer »tachogenen Weltfremdheit«[15] – und letztlich wird man sich selbst fremd.

Auf was kann man sich verlassen, wenn alles in Bewegung ist, wo gibt es Sicherheit, wo ein Vertrauen darauf, auf dem richtigen Weg zu sein? Das Geworfen-Sein auf das eigene Ich, immer wieder als die große Leistung der Moderne gepriesen, führt keineswegs zu einer Befreiung von Zwängen, sondern zwingt die Menschen, selbst alle Probleme der Welt lösen zu müssen. »Depressiv wird, wer Gewichte trägt, ohne zu wissen wozu.«[16]

Wenn tradierte Grenzen fallen, so kann die Lösung für den Einzelnen bedeuten: Ich setze mir selbst Grenzen, und zwar solche, bei denen ich die wenigste Angst haben muss, mit all den neuen Problemen dieser Welt konfrontiert zu werden. Und diese Grenze heißt: ich. Ich schaffe mir eine Insel, auf der ich möglichst unangefragt bin, mich zumindest weniger anfragen lasse, so dass ich alles nur halbwegs Verstörende aus meinem Aufmerksamkeitsmonitor ausblenden kann: das selbst geschaffene Getto als Überlebensstrategie – aus der Weltangst heraus geboren. Gerhard Schulze sieht darin das Syndrom des Kaspar Hauser: »Er erlebt nur noch, was er schon längst kennt; er erfährt nur noch, was er schon weiß; er verkehrt mit anderen nur noch in Bezug auf sein jeweiliges Hauptanliegen. Selbstbezüglichkeit total!«[17] Aber wehe, wenn es irgendjemandem oder irgendetwas gelingt, auf meine mühsam gebaute Insel zu gelangen, so zum Beispiel die existenziellen Fragen von Krankheit und Tod, dann ist der Verstörfaktor blitzschnell auf 100 Prozent, dann ist das insulare Kartenhaus in Sekundenschnelle zusammengestürzt. Die Entgrenzung der Moderne führt den

Menschen nicht nur an seine Grenzen, sondern macht das Menschsein oft genug zur Tortur.

Sinnverlust produziert Über-Sinn

Das Gefühl der Sinnlosigkeit und der Weltangst kann in unterschiedlichen Ausprägungen keinem Menschen der Moderne fremd sein. Wir stehen ja auch alleine vor der überwältigenden Veränderungsdynamik der modernen Gesellschaft. Was in dieser Situation helfen würde, ist Erfahrung, die Erfahrung, wie Menschen früherer Zeiten mit den Problemen umgegangen sind, wie ich selbst früher mit Problemen umgegangen bin. »Erfahrung ist das – wohl einzige – Gegenmittel gegen Weltfremdheit: Aber jetzt greift sie nicht mehr«, sagt Odo Marquard[18], »weil heutzutage das Vertraute immer schneller veraltet und die künftige Welt zunehmend anders sein wird – für uns, die modernen Menschen – die Welt fremd, und wir werden weltfremd. (…) Denn in unserer Lebenswelt kehren jene Situationen immer seltener wieder, in denen und für die wir unsere Erfahrungen erworben haben. Darum rutschen wir – statt durch stetigen Zuwachs an Erfahrung und Weltkenntnis selbständig, d. h. erwachsen zu werden – zunehmend stets auf Neue in die Lage derer zurück, für die die Welt überwiegend unbekannt, neu, fremd und undurchschaubar ist.«

Waren in der Vormoderne Erfahrungen als Lotsen für die Zukunft noch von den Erfahrungen der Vorfahren über das Medium Institution geprägt, so merken wir Menschen der Moderne, dass diese nach Odo Marquard einzige Arznei gegen die Weltfremdheit und Weltangst kaum noch Wirkung erzielen kann. Doch es gibt ihn noch, den Erfahrungsspeicher in der Moderne. Dieser wird allerdings weniger von bisherigen Institutionen bereitgehalten, sondern vom Erfahrungsspeichermedium der Moderne, den Medien selbst. Hier wird für den Einzelnen abrufbar gehalten, wie – transportiert über zumeist fiktionale Darbringungsformen – Menschen in der modernen Gesellschaft leben, wie sie ihr Leben in den Griff bekommen, wie Leben glückt. Doch: Diese Erfahrungen sind keine gelebten Erfahrungen, sondern synthetisch mediale Fiktion, Erfahrung in einer Minute und 30 Sekunden oder in einem Spielfilm ein ganzes Leben in einer Stunde und 30 Minuten. Da können nur Highlights kommen, alles medienadäquat zusammenkomponiert, aber für uns als handlungsorientierende Erfahrung dargebracht – jedenfalls von den Medienkonsumenten als solches wahrgenommen. Und für Medien ist Erfahrung nur dann interessant und darbringungswürdig, wenn sie über die Alltäglichkeit hinausgeht: Die oft unscheinbare Sinnermöglichung im Alltag ist nicht medienrelevant, kommt also nicht vor, spektakuläres Leben ist der Sinn des Lebens, weil es eben medial besser darstellbar ist. Und sind die Medien der Erfahrungsspeicher der Moderne, so werden sie dadurch gleichzeitig zu deren Erwartungsspeicher, denn die medialen Vorgaben prägen zentral die Vorstellungen der Menschen, was man vom Leben zu erwarten hat und wie Leben gelingen kann.

Und dieses ist medial vermittelt nur möglich, wenn die Sinnerfüllung schlechthin gelingt, wenn spektakuläre Glückszustände erlebt werden, wenn das große Glück einen trifft. Und was folgt: »Unsere primäre Schwierigkeit ist nicht der Sinnverlust, sondern das Übermaß des Sinnanspruchs.«[19]

Das muss man der Moderne lassen: Sie produziert bei den Menschen eine große Sinnlosigkeit, die ja für die Legitimation der Moderne gefährlich werden könnte, doch schafft sie es gleichzeitig mit einem genialen Schachzug, Modelle für sinnhaftes und gelingendes Leben anzubieten, die aber so medial komponiert sind, dass sie zwar eine scheinbare Authentizität ausstrahlen, aber im Erreichen-Wollen eine automatische Frustration des Nichterreichen-Könnens hervorrufen. Und die Krönung hierbei: Der einzelne Mensch gibt sich selbst die Schuld, wenn er es nicht schafft, solche Glücks- und Sinnerwartungen einzulösen. Jetzt ist die Tristesse für den modernen Menschen umso größer, aber jetzt sind es nicht mehr die Bedingungen der Moderne, die hier schuldig sein können, sondern der Schwarze Peter des Versagens liegt beim jedem selbst.

Ewiger Konsument statt Mensch

Der Mensch kann nicht stehenbleiben bei diesem Zustand des Versagens, beim Nicht-Erreichen des großen Glücks. Kleine Sinneinheiten zählen – weil nicht im medialen Erwartungsspeicher vorhanden – nicht, also muss eifrig kompensiert werden. Und was bleibt da, passend zum medialen Erwartungsangebot und zur Verwertungslogik der Moderne? Der Konsum. »Die heutige Anspruchsgesellschaft kompensiert durch Konsumaufwand das Sinndefizit. (...) Weil der Lebenssinn verlorengegangen ist, flieht man in Surrogate, eben in das Anspruchsdenken. Die Ansprüche wachsen, weil der Sinn ausbleibt: die moderne Wohlstandsgesellschaft ist – objektiv vergeblich – der Versuch, den verlorenen Sinn durch Luxus zu ersetzen; durch eine Art umgedrehten ›overkill‹ – also durch ›overlife‹ – wird das Sinnlose transportiert zum Superleben.«[20] Man kann aber auch nie genug bekommen – wir kennen ja die Botschaft der Moderne nach »Immermehr«! Mehr Wirtschaftswachstum, mehr Leistung, mehr Konsum – aber dadurch immer weniger Sinn.

Doch der Mensch verliert in der Verwertungslogik der Moderne basale menschliche Fähigkeiten. Erich Fromm hat schon 1955 in seinem luziden Aufsatz »Der gegenwärtige Zustand des Menschen«[21] genau diese Gefahr gesehen: »Soweit der moderne Mensch nicht Konsument ist, ist er Käufer und Verkäufer. (...) Der Mensch hat sich selbst in eine Ware verwandelt und fasst sein Leben als Kapital auf, das gewinnbringend investiert werden muss, wenn ihm das gelingt, ist er ›erfolgreich‹, und sein Leben hat Sinn; wenn nicht, ist er ein ›Versager‹. Sein ›Wert‹ liegt in seiner Verkäuflichkeit, nicht in den menschlichen Fähigkeiten der Liebe, der Vernunft oder der künstlerischen Kreativität. So hängt sein Selbstwertgefühl von äußeren Faktoren ab – von seinem Erfolg, von dem Urteil der anderen.«[22]

Wie kann sich solch ein Mensch noch freuen, nicht nur an seiner Leistung, sondern schlicht an seinem Dasein? Wie kann sich solch ein Mensch noch freuen an menschlicher Begegnung, die nicht mit Inbesitznahme endet? Und wie kann sich solch ein Mensch noch an den kleinen Dingen des alltäglichen Lebens freuen, die für Charles Dickens das Leben ausmachen? Das Menschsein steht auf dem Spiel. Erich Fromm: »Das Problem des neunzehnten Jahrhunderts hieß: Gott ist tot, das Problem des zwanzigsten Jahrhunderts: der Mensch ist tot. Im neunzehnten Jahrhundert bedeutete Unmenschlichkeit Grausamkeit; im zwanzigsten Jahrhundert bedeutet sie schizoide Selbstentfremdung.«[23]

Der Mensch der Moderne wird sich entscheiden müssen, falls ihm diese Eigenschaft noch nicht abhandengekommen ist: Der durch die Beschleunigungsgesellschaft der Moderne vorgezeichnete Weg führt den Menschen in eine totale Sinnleere, für die er sich auch noch selbst verantwortlich macht. Will er diesen Weg als Getriebener mitgehen oder will er als Mensch leben, so dass die Analogie Erich Fromms zu ergänzen wäre: Galt für das neunzehnte Jahrhundert »Gott ist tot«, für das zwanzigste »Der Mensch ist tot«, so muss für das einundzwanzigste Jahrhundert gelten: Der Mensch lebt, weil er sich Leben von Gott her schenken lässt.

Die Gesellschaft der Moderne
braucht das Christentum

Das Gruselkabinett der Moderne hat keine Steuerungs-
leistung über »machen-machen-machen« und »mehr machen – noch mehr machen – kaputt machen« hinaus.
Doch darf es so tatsächlich weitergehen? Dürfen wir uns
bei allen Erfolgen der beschleunigten Wachstumsgesell-
schaft so gravierende Verluste und Verlierer leisten? Wie
sieht eine Welt aus, in der der Wachstumswahn die Ausbeutung von Mensch und Natur noch weiter vorantreibt?
Sind die Sünden dieses Wahns noch rückholbar oder ist
Leben auf diesem Planeten für kommende Generation
nur noch ein Horror? So oder so: Mit dem »Immer-mehr«
der Moderne wird es ein Ende haben. Der Mensch in seiner Gestaltungskraft ist wieder gefragt, hat er sich doch
in der Moderne widerspruchslos dem Diktat einer scheinbaren wirtschaftlichen Notwendigkeit unterworfen und
seine Urteils- und Gestaltungskraft dem Wachstumsfe-
tisch zum Opfer gebracht.
Wir brauchen eine Revitalisierung des Menschen, eines
Menschen, der wieder fähig wird, seine Zukunft selbst
gestaltend in die Hand zu nehmen und nehmen zu wol-

len, eines Menschen, der der tyrannisierenden »Machen-machen-machen-Ideologie« der Moderne ein Ende setzt und durch selbstbestimmte Lotsenpunkte der Menschen-, Gesellschafts- und Wirtschaftsentwicklung eine neue Richtung gibt. Für solche Lotsenpunkte gibt es letztlich nur eine einzige Relevanzgröße – und das ist die Menschendienlichkeit.[24]

Nur wenn der Mensch das Maß aller Dinge ist, nur wenn der Mensch es auch bewusst wahrnehmen kann, dass Gesellschafts- und Wirtschaftsentwicklungen nicht gegen ihn, sondern für ihn geschehen, nur dann ist die Zukunftsfähigkeit einer post-modernen Gesellschaft möglich. Papst Johannes XXIII. formuliert es in seiner Enzyklika *Mater et magistra* aus dem Jahre 1961 so: Der Mensch muss »Träger, Schöpfer und das Ziel aller gesellschaftlichen Einrichtungen« sein.

Wenn Papst Johannes XXIII. den Menschen so in den Mittelpunkt seiner Sozialenzyklika stellt, ist dies im christlichen Menschen- und Gesellschaftsbild gegründet. Der Mensch als Träger, Schöpfer und Ziel aller gesellschaftlichen und wirtschaftlichen Entwicklungen, diese Grundoption des Christentums kann auch Grundoption einer post-modernen Gesellschaft werden, die den Menschen in den Mittelpunkt ihrer Veränderungsschritte stellt und damit Dynamiken auslöst, die eine Zukunft für Mensch, Gesellschaft, Wirtschaft und eben auch Natur ermöglichen.

Um diese Fragen nach der Menschendienlichkeit von gesellschaftlichen Entwicklungen, aber auch um generell die handlungsleitenden Perspektiven für die je einzelnen

Menschen, gegründet in der christlichen Botschaft, präsent und vital zu halten, brauchen der Mensch und die Gesellschaft der Moderne nicht nur das Christentum, sondern auch die Kirche. Sie muss Statthalterin und Garantin dafür sein, dass Menschlichkeit und Nächstenliebe keine Floskeln für Jubiläumsreden bleiben, sondern dass sie auch konkret gelebt werden und gelebt werden *können*.

Solchermaßen obliegt es den Kirchen, Modelle für ein »Leben in Fülle«[25] aufzuzeigen – für die je einzelnen Menschen und für das gesellschaftliche Ganze.

Und: Wer sonst als die Kirchen wäre so prädestiniert, denjenigen Menschen öffentlich und anwaltschaftlich eine Stimme zu geben, die deklassiert und verstummt sind, auch um damit aufzuzeigen, dass jeder Mensch gleich wichtig und auf die gleiche Weise willkommen ist auf dieser Welt.

Kirche steht auch dafür, im Sinne von »ora et labora«, der alten Grundausrichtung des Benediktinerordens, das »ora«, das Gebet in vielfältiger Weise präsent zu halten, um klar zu machen, dass eben dieses Beten vor dem »labora«, der Arbeit, zu stehen hat. Denn: zuerst das Gebet, um zu wissen, was man tun soll und für wen man etwas tun soll, und um auch demjenigen zu danken, der die Grundlegung für dieses Arbeiten ermöglicht, und erst dann die Arbeit, bei der man dann nach dem Gebet weiß, wie sie und für wen sie stattfinden soll.

Kurz: Kirche muss in freudigem Engagement unermüdlich – gelegen oder ungelegen – auf den Grund der christ-

lichen Hoffnung, auf Jesus Christus, hinweisen (1. Petrus-
brief 3,15), um damit für jeden Menschen aufzuzeigen,
dass ein Leben mit Jesus Christus die Voraussetzung
schlechthin sein kann, ein »Leben in Fülle« führen zu können, und um einer Gesellschaft die Überlebensperspek-
tive aufzuzeigen, die nicht in hemmungsloser Habgier,
sondern in einer solidarischen Menschendienlichkeit besteht.

Personalität, Solidarität und das Angesicht Gottes

Wenn wir uns fragen, was das Christentum konkret für
die Menschen und das Zusammenleben in der Moderne
bieten kann, dann sind alle Vorschläge und Konkretio-
nen gegründet in einem christlichen Menschen- und Gesellschaftsbild. Dieses christliche Menschen- und Gesellschaftsbild beinhaltet folgende Zielorientierungen:

- Personalität: Der Mensch muss Ausgangs- und Mittelpunkt aller gesellschaftlichen, politischen und
  wirtschaftlichen Vollzüge sein.
- Solidarität: Der Mensch lebt und entwickelt sich in sozialen Zusammenhängen. Die Förderung des Gemeinwohls orientiert sich am Wohl der Person, so
  sagt es die Pastoralkonstitution *Gaudium et Spes* des
  Zweiten Vatikanischen Konzils.
- im Angesicht Gottes: Der Mensch verdankt sich nach
  christlichem Verständnis dem Willen Gottes und ist
  von Gott beauftragt, diese Welt nach Gottes Willen
  menschendienlich zu gestalten. Der Mensch steht also

mit seinem Tun in der Verantwortung – Gott und den Menschen gegenüber.

Dieses Dreieck spiegelt das christliche Menschen- und Gesellschaftsbild wider:

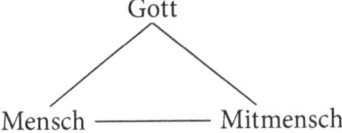

Zur Personalität: Warum stellt das Christentum den Menschen in solch manifester Weise in den Mittelpunkt? Die Antwort gibt die Bibel gleich im ersten Kapitel über die Erschaffung der Welt. In Genesis 1,26–27 steht: »Dann sprach Gott: Lasst uns Menschen machen als unser Abbild, uns ähnlich. Sie sollen herrschen über die Fische des Meeres, über die Vögel des Himmels, über das Vieh, über die ganze Erde und über die Kriechtiere auf dem Land. Gott schuf also den Menschen als sein Abbild; als Abbild schuf er ihn. Als Mann und Frau schuf er sie.« Der Mensch hat also eine einzigartige Dignität: Er ist nach dem Ebenbild Gottes geschaffen. Er ist nach christlichem Verständnis von Gott und auf ihn hin geschaffen, und er ist geschaffen mit dem Auftrag, Verantwortung für die Kultivierung und Bewahrung der Welt zu tragen. »Die Beziehung zu Gott und die Partnerschaft des Menschen mit Gott spiegeln sich im partnerschaftlichen Wesen des Menschen.«[26] Alle Entscheidungen, Gesetze und Entwicklungsschritte müssen daher vom Menschen ausgehen und zum Wohl des Menschen angelegt sein.

»Die Gottesebenbildlichkeit des Menschen ordnet den Menschen ein in ein vierfaches Geflecht von Beziehungen, woraus sich eine vierfache Bestimmung des Menschen ergibt:

Gott zu loben,

den Nächsten zu lieben,

in der Welt zu leben und sie zu pflegen,

sich selbst und auf sich selbst zu achten.«[27]

Zur Solidarität: Den Nächsten zu lieben und in der Welt zu leben und sie zu pflegen – das ist gelebte Solidarität und neben der Personalität zweiter Grundpfeiler des christlichen Menschen- und Gesellschaftsverständnisses. Der Mensch lebt nicht für sich allein, er ist auf die Soziabilität angewiesen. »Mit anderen und für die anderen zu leben, ist genau das Gegenteil zur Logik des Marktes, wie sie sich in unseren Tagen entfaltet und im Begriff ist, alle Bereiche des sozialen Lebens – nicht nur die ökonomischen – unter ihre Herrschaft zu bringen. Man muss der Menschheit eine Logik der Mahlgemeinschaft anbieten: Die ökonomische Ethik muss als Teil einer wahrhaften Ethik der Mahlgemeinschaft auf der Erde begriffen werden und Gebote enthalten, die dieser Ethik untergeordnet und eingegliedert sind.«[28]

Das ist keine weltfremde Rhetorik, sondern schon wesenhaft grundgelegt in der Idee der Sozialen Marktwirtschaft, einer Struktur des Wirtschaftens, in der schon viel vom christlichen Impetus enthalten ist und die auf ihre Revitalisierung wartet. So geht schon Wilhelm Röpke, einer der Väter der Sozialen Marktwirtschaft, davon aus, dass das Ziel der eigenen Wohlfahrtssteigerung mit dem Mittel fremder Wohlfahrtssteigerung ermöglicht wird.[29] »Jeder sorgt am besten so für sein eigenes Wohl, dass er für das Wohl anderer Marktteilnehmer sorgt. Diese Art des Eigeninteresses oder der Sorge für sich selbst hat also durchaus das Wohl anderer im Blick.«[30]

Nicht schrankenlose Erwerbsgier darf also das Grundmovens für verantwortetes Wirtschaften sein, sondern die Schaffung von Bedingungen für langfristige Gewinnermöglichung. Und genau hier setzt das christliche Bild vom Menschen, der Gesellschaft und des Wirtschaftens ein. Denn nur ein Streben nach Eigenwohl, das im Gemeinwohl gründet, legt die richtige Messlatte an, um Bedingungen in der Welt zu schaffen, die langfristig Menschsein ermöglichen. Und: Nur wenn Menschen in ihrer Individualität gewürdigt und geachtet sind, können sie motiviert und bereit sein, Leistung zu erbringen, und nur wenn Menschen die Gemeinwohlverträglichkeit von politischen und wirtschaftlichen Entscheidungen sehen und akzeptieren können, werden sie ihre »licence to operate« als mentale und faktische Zustimmung für gesellschaftliche Grundentscheidungen geben. Ohne diese höhlt sich eine Gesellschaft von innen her aus und bietet keine Voraussetzungen, die ein erfolgreiches Wirtschaften braucht, nämlich die soziale Akzeptanz und den sozialen Frieden.

Gerade in dieser heutigen Unsicherheitsphase der Moderne braucht es die im Christentum wurzelnden Parameter der Personalität und der Solidarität. Das macht das Christentum gerade heute so faszinierend, weil es eine Alternative zur scheinbaren Alternativlosigkeit der Moderne bietet, den Menschen in seiner Einmaligkeit und Würde ernst nimmt und hierauf Gesellschaft und Wirtschaft aufbaut.

Zur Personalität und Solidarität kommt für Christen noch ein Weiteres hinzu: das Handeln des Menschen im Angesicht Gottes. Weltlich gesprochen heißt das: Der Mensch steht in seinem Tun und Lassen in der Verantwortung – vor den Menschen und, christlich gesprochen, vor Gott. Der Mensch muss Rechenschaft geben: Wie geht er mit seiner von Gott gestifteten Beauftragung zur Kultivierung und Bewahrung der Welt um? Steht der Eigennutz so im Mittelpunkt, dass nach ihm die Sintflut kommen kann, oder nimmt er seine Verantwortung und seine Rechenschaftsverpflichtung gegenüber den Menschen und Gott wahr und sorgt für die Menschendienlichkeit der Welt?

Und noch etwas Wesentliches kommt hinzu: Der Christ sieht sich nicht nur im Angesicht Gottes zum verantwortlichen Handeln aufgerufen, sondern es obliegt ihm auch, Gott zu loben. Das mag sich altertümlich anhören, aber zwei zentrale Weichenstellungen für eine Gesellschafts- und Wirtschaftsentwicklung sind dabei angesprochen: Das Lob Gottes impliziert, dass die Welt und die Menschen sich im Guten und Positiven gründen, also auch zum Guten und Positiven fähig sind. Dies schließt Vertrauen mit ein, das jeder braucht, um Schritte zur Menschendienlichkeit hin gehen zu können, Vertrauen auch dazu, dies immer wieder neu in Angriff nehmen zu wollen. Das Lob Gottes gibt Mut zum »Bohren« von »dicken Brettern«.

Gott zu loben heißt auch: Sich aus der Hektik und dem Beschleunigungstempo der Moderne für kurze Zeit auszuklinken und sich Zeit zu geben für die Reflexion, um nicht blindlings einfach nur hinterherrennen zu müssen. Denn: Die Moderne selbst hat keinen Platz für eine Entschleunigung. Die christliche Botschaft hingegen stellt sich genau hier ganz entschieden dagegen auf und möchte den Menschen, gerade über den Lobpreis Gottes und über das Gebet, zurufen: Nehmt Euch Zeit für Euch und traut Euch zu, Bestehendes kritisch zu reflektieren und das Gute zu behalten, wenn es dem Menschen dient! Es gibt keine Alternativlosigkeit!

Das gehört zur faszinierenden Botschaft des Christentums.

Gesellschaft vs. Desintegration

Die Prinzipien, auf denen das christliche Menschen- und Gesellschaftsbild fußt, heißen: Personalität, Solidarität und Verantwortung vor Gott und den Menschen. Sollen diese Prinzipien nicht nur hohle Worte bleiben, so müssen sie sich im gesellschaftlichen Miteinander der Menschen manifestieren und einlösen. Es geht um das Wohl und das Heil der Menschen – jedes Menschen. Ein wichtiges Indiz dafür, wie diese Prinzipien eingelöst werden sollen, bietet schon die Trias selbst: Personalität, Solidarität und Verantwortung. Personalität steht am Anfang, bleibt aber nicht singulär, sondern wird in der Solidarität weitergeführt und in der Verantwortung gegengespiegelt. Keine Personalität ohne Solidarität und vice versa. Das heißt also: Eine Personalität braucht zwingend ihre Einlösung in der Solidarität, die sowohl die Dimension der Solidarität im engen Umfeld einer Person wie auch eine gesellschaftliche Solidarität mit einschließt. Wenn eine Solidarität nicht nur gemeinschaftliche Solidarität in direkten Erfahrungsbereichen, sondern auch eine gesellschaftliche Solidarität bedeutet, so braucht es hierzu schlicht und einfach auch eine Gesellschaft, die dies ermöglicht. Das mag sich tatsächlich schlicht und einfach anhören, doch begegnen uns in der Moderne Tendenzen, die einer Abschaffung der Gesellschaft die Bahn weisen: Desintegration statt Integration heißt das Charakteristikum der Moderne. Das ist auch unmittelbar nachvollziehbar: Wenn alle Bereiche des Lebens einem eminenten Beschleunigungsdruck ausgesetzt sind, dann ist es fast zwangsläufig so, dass einige Menschen dem Druck mehr gewachsen sind als andere. Diese Beschleunigungsverlierer der Moderne bleiben zurück, können aus eigener Kraft den Abstand nicht aufholen und fallen damit sukzessive aus dem gesellschaftlichen Geschehen und aus der Gestaltungskraft, die die Gesellschaft noch lässt, heraus. Und je fortgeschrittener die Beschleunigung der Moderne ist, desto mehr Menschen und soziale Gruppen gehören zu diesen Verlierern. Und: Immer weniger Menschen gehören, weil eben nur sie Schritt halten können mit der Moderne, zu den Potenten, die über Geld und Macht verfügen. Nicht mehr das Volk ist der Souverän, sondern wenige Beschleunigungsgewinnler, die Entscheidungen treffen, die alle Menschen tangieren. Gesellschaft löst sich auf in extrem wenige Menschen, die herrschen, und extrem viele, die keine Chance zu einer (soll man noch sagen: gesellschaftlichen?) Partizipation haben.

Hier setzt das Solidaritätsgebot des Christentums an, das besagt: Wenn vor Gott jeder Mensch mit der gleichen Würde ausgestattet ist, jeder Mensch gleich viel zählt, dann hat der Einzelne nicht nur durch den Personalitätsanspruch das Recht, sich entfalten zu können, sondern gleichzeitig auch die Pflicht, mit denen, die nicht über die Fähigkeiten verfügen, solidarisch Formen der Entfaltungsmöglichkeit und des Zusammenlebens zu suchen, die zum Wohl der Menschen sind. Und die Einlösung dieses Anspruches ist nur in einer Gesellschaft der Integration möglich, weil hier das Motto gelten kann: Die Starken stehen für die Schwächeren ein. Die Starken treten beispielsweise über die Schaffung von Recht und Gesetz dafür ein, dass der Schwächere unverlierbare Rechte und Ansprüche hat, so auch über die Schaffung von unterstützenden Sozialsystemen. Die Personalität und der Individualismus der Starken muss im Gemeinwohl eingelöst werden. Das gehört zum Herzstück des christlichen Menschen- und Gesellschaftsbildes – und dieses ist gerade in Zeiten der fortschreitenden Verwerfungen durch die Beschleunigungskraft der Moderne aktueller denn je.

Es gilt also, die integrativen Kräfte in einer Gesellschaft zu stärken und Formen des Zusammenlebens zu finden, die es vielen Menschen ermöglichen, am Gemeinwohl zu partizipieren. So muss eine an christlichen Werten orientierte Gesellschaftspolitik gerade solche Institutionen und Orte gegen den Trend der Moderne stärken, die der Allgemeinheit zugutekommen: so zum Beispiel kostenfreie Kindergartenplätze für alle statt gleiche Beitragspflicht für alle, was wiederum die Schwachen stärker trifft; leistungsstarke öffentliche Schulen statt elitäre Privatschulen; öffentliche Hochschulen, die jungen Menschen aus allen Gesellschaftsschichten Bildung ermöglichen, statt private Hochschulen, die über Studiengebühren nur dem Nachwuchs der Eliten für neue Elitenaufgaben das Rüstzeug zukommen lassen. Kurz: Individualförderung unterstützen, aber nicht gegen das Gemeinwohl. Und wenn man sich Entwicklungen in den USA zur gesellschaftlichen Desintegration ansieht, bei denen ganze Stadtteile der Reichen zu No-go-areas werden, dann kann man sich vorstellen, dass eine Gesellschaft der fortschreitenden Moderne immer weniger überlebensfähig wird.

Also: »Der christliche Mensch ist eine Individualität, aber ist dies nur und kann dies nur werden, d. h. er kann seine Individualität nur ausbilden in der lebendigen Wechselwirkung mit den anderen Individualitäten, als Glied der Gemeinschaft (…). Die freie, allseitige Entfaltung der christlichen Individualität kann daher nur innerhalb des Gesamtlebens der Gläubigen verwirklicht werden. Die Individualität ist für ihre Entwicklung auf die Gemeinschaft angewiesen. Die Gemeinschaft engt die Individualität nicht ein und hemmt ihre Entfaltung, sondern weitet und fördert sie.«[31] Die soziale Dimension des Seins hindert also nicht die Entwicklung des Menschen, sondern ist Voraussetzung für diese. Und darf der Mensch erfahren, dass er durch das gesellschaftliche Miteinander respektiert und mitgetragen wird, so stellt sich beim je Einzelnen ein Vertrauen ein, das er braucht, um die Bereitschaft zu entwickeln, sich proaktiv für diese gesellschaftliche Dimension mit einzusetzen.

Das auf Personalität und Solidarität gegründete Menschen- und Gesellschaftsbild des Christentums sieht also eine Interdependenz zwischen dem Wohl des Einzelnen und dem Gemeinwohl. Und sind die Bedingungen für ein solches »Win-win« geschaffen, entsteht bei den Menschen der Wille zur Leistungsbereitschaft, für sich selbst und für die Gemeinschaft, im privaten Leben und im Beruf. In dieser Perspektive ist die christliche Botschaft vom Menschen nicht nur zum Wohl des Einzelnen und zum Wohl der Gemeinschaft, sondern gerade auch zum Wohl eines innovativen und leistungsbereiten Wirtschaftens und somit Grundlage für die Steuerungsfähigkeit einer Gesellschaft des post-modernen Zeitalters.

Öffentlichkeit vs. Inseln der Gleichgesinnten

Die Tendenzen zur Desintegration werden in unserer Gesellschaft der Moderne gerade in den Konsequenzen aus der Mediennutzung augenfällig. Die Öffentlichkeit mutiert durch die sozialen Netzwerke zu einer Ansammlung von je eigenen Öffentlichkeiten, die sich durch gemeinsame Codes, gemeinsame Vorlieben, gemeinsame Interessen und gemeinsame Antipathien auszeichnen und sich abschließend gegenüber anderen Öffentlichkeitsinseln verhalten.

Wenn vom christlichen Menschen- und Weltbild herkommend der gesellschaftlichen Integration ein solch zentraler Wert zugemessen wird, dann ist es eine logische Konsequenz, dass der Ort, der vorrangig über die Integration entscheidet, die Öffentlichkeit, eine besondere Bedeutung für ein christliches Engagement haben sollte. Warum stehen die Dimension der Öffentlichkeit und ihre notwendige Kultivierung so im Zentrum? Kurz: Durch die Öffentlichkeit erschafft und definiert sich Gesellschaft selbst. Niklas Luhmann hat es wohl am pointiertesten formuliert: »Was wir über unsere Gesellschaft, ja über die Welt, in der wir leben, wissen, wissen wir durch die Massenmedien.«[32] Doch muss man noch einen Schritt weitergehen: Die Massenmedien liefern nicht nur das Wissen über die Welt, sondern sie definieren und prägen Kultur und Persönlichkeit des je Einzelnen sowohl durch das explizite und implizite massenmediale Werteangebot als auch durch die Veränderung sozialen Verhaltens, in dem sie die Orte des Verhaltens definieren und bei Bedarf neu definieren. Kein Lebensbereich ist denkbar ohne seine massenmedialen Implikationen, kein gesellschaftliches Phänomen ohne seine massenmediale Durchdringung.

Anders gewendet: Ereignisse, Personen, Ideen existieren nur im Bewusstsein ihrer Gesamtsozialität, wenn sie Öffentlichkeit erlangen. Ereignisse, Personen oder Ideen können noch so interessant und noch so wichtig für die Gesellschaft sein, sie werden erst wahrgenommen, wenn sie von den Massenmedien rezipiert und dann distribuiert werden. Was nicht in den Massenmedien thematisiert wird, kann nicht zur öffentlichen Meinungsbildung beitragen. Erst wenn die Anliegen individueller oder kollektiver Akteure nicht im Privaten verbleiben, sondern öffentlich kommuniziert werden, ist es möglich, dass sie die öffentliche Meinungsbildung beeinflussen. In den Massenmedien definiert sich die Gesellschaft selbst. Durch ihre Informationsfunktion ermöglicht es Öffentlichkeit, Orientierungsfunktion für den Einzelnen zu übernehmen: »Ihre Orientierungsleistungen bestehen darin, dass Öffentlichkeit erkennbar macht, welche Probleme sozial virulent sind und welche Problemlösungen aus welchen Gründen bei wem auf hinreichende Akzeptanz stoßen – und welche nicht. Öffentlichkeit informiert über die soziale Valenz und die Entscheidbarkeit von ›issues‹, indem sie bestimmte Optionen aggregiert (sei es in der Mitte, sei es an den Extremen vorhandener Meinungsspektren), ausschaltet oder marginalisiert, auf Kompromisszonen verweist oder aber Widersprüche verstärkt, also Auskunft gibt, sowohl über Alternativen als auch über deren öffentliche Akzeptanz.«[33] Ist die Information Voraussetzung zur Orientierung für die je Einzelnen, so ermöglicht die unterschiedliche Darbringung von Problemlösungsansätzen, die vielleicht im Widerstreit liegen, Orientierung durch Validierung bzw. Revision der eigenen Position.

In diesem Sinne ermöglicht erst die massenmediale Kommunikation und Öffentlichkeit, dass Gesellschaft entsteht. Norbert Elias spricht hier von einer »Wir-Identität«[34], die notwendig ist, damit sich Menschen im Sozialgefüge zurechtfinden und ein Gemeinwesen auch als das Ihre anerkennen. Wer in gemeinsamer, vor allem auch öffentlicher Kommunikation steht, führt Menschen zusammen und definiert das Innen und Außen der Gesellschaft, definiert die Grenzen einer Gesellschaft. »Fremd ist der, der in anderen Informationsflüssen lebt.«[35]

Wenn wir diese gesellschaftliche Zusammenführung der Individuen über das Forum Öffentlichkeit als Integration begreifen wollen, so gilt das auch für die Integration von sozialen Gruppen ins Gesellschaftsganze. Die große Gefahr für hochdifferenzierte Gesellschaften besteht ja darin, dass sie mit der permanenten Möglichkeit einer Segmentierung in gesellschaftlich autarke Gruppen und Gruppierungen rechnen, diese um ihrer gesellschaftlichen Integration willen aber an sich binden müssen. Wie anders als über die in der Öffentlichkeit eruierte und transportierte öffentliche Meinung sollte das gesellschaftsleitende und damit das integrierende »Leitmotiv« vorgegeben werden, in dem sich auch gegensätzliche Meinungen und Interessensgruppen wiederfinden können? Eine gesellschaftliche Integration kann in hochdifferenzierten Gesellschaften nur über eine öffentliche Kommunikation stattfinden. Eine funktionierende, das heißt eine alle relevanten Meinungen, Themen und Gruppen berücksichtigende Öffentlichkeit schafft Vertrauen und die Gewähr, dass man mit seinen Anliegen strukturell die Möglichkeit hat, öffentlich, und das heißt wirksam Gehör zu finden. Soll also eine Integration möglichst vieler Menschen und Gruppen in die Gesellschaft gelingen, so ist eine funktionierende Öffentlichkeit Voraussetzung.

Genau das ist das Anliegen der päpstlichen Pastoralinstruktion *Communio et progressio* aus dem Jahr 1971. Sie sagt: »Die neue Technik für den Austausch unter den Menschen (das sind die eine Öffentlichkeit konstituierenden Massenmedien, Ko.) versammelt die Zeitgenossen sozusagen um einen runden Tisch. So kommen sie in dem Streben nach Brüderlichkeit und gemeinsamem Handeln miteinander ins Gespräch. Denn durch diese Instrumente wird das tägliche Gespräch der Einzelnen aufgenommen, angeregt und weithin verbreitet. So wird das öffentliche Gespräch der ganzen Gesellschaft durch diese Medien ermöglicht und überall vernehmbar. Der so vermittelte Fluss der Nachrichten und Meinungen bewirkt in der Tat, dass alle Menschen auf dem ganzen Erdkreis wechselseitig Anteil nehmen an den Sorgen und Problemen, von denen die Einzelnen und die ganze Menschheit betroffen sind. Das sind notwendige Voraussetzungen für das Verstehen und die Rücksichtnahme untereinander und letztlich für den Fortschritt aller.«[36]

Communio et progressio spricht nicht von Massenmedien, sondern von »sozialen Kommunikationsmitteln«, stellt also die gemeinschaftsstiftende und damit integrierende

Funktion der Medien und der Öffentlichkeit in den Vordergrund. Dahinter steht die Idee einer sozialen Kommunikation, in der alle Beteiligten idealiter wie in einem Parallelogramm der Kräfte dynamisch aufeinander bezogen und füreinander geöffnet bleiben. Das entscheidende Merkmal hierbei ist die Reziprozität, also die Wechselseitigkeit; die ihr zugrunde liegende Modellvorstellung ist die einer sich in ihrer Pluralität selbst regulierenden autonomen Kommunikationsgemeinschaft. Und diese kann nach *Communio et progressio* nur funktionieren, wenn der »runde Tisch« der Öffentlichkeit auch adäquat mit allen relevanten Themen und Meinungsrichtungen besetzt ist. Strukturelle Deformation der öffentlichen Belieferung heißt strukturelle Desintegration.

Kirchliche Dokumente wie *Communio et progressio* weisen immer wieder auf die zentrale Funktion der Öffentlichkeit hin, weil über die Öffentlichkeit die Bedingungen für Menschsein festgelegt werden. Die kirchlichen Dokumente sind aber auch getragen von der Personalität als Paradigma eines christlichen Menschenbildes, denn nur auf einem »öffentlichen Forum«[37], das potenziell alle relevanten Meinungen zu Wort kommen lässt, ist auch eine Freiheitsentscheidung des je Einzelnen möglich, sich adäquat zu informieren und sich Kraft seiner Persönlichkeit für seinen je eigenen Weg zu entscheiden.

Daher ist es, vom christlichen Menschen- und Gesellschaftsbild abgeleitet, zwingend, dass die »Medien der sozialen Kommunikation« nicht total dem Konsumgeschäft ausgeliefert werden dürfen, was die Degradierung des Menschen zum Konsumenten zur Folge hätte und –

noch wesentlich weitreichender – seiner Entmündigung Vorschub leisten würde. Also: Jegliche Instrumentalisierung von Kommunikation – und diese Zentralforderung des christlichen Weltverständnisses ist gerade für die Durchkommerzialisierung in Zeiten der Moderne von entscheidender Bedeutung für die menschliche und gesellschaftliche Entwicklung – jegliche Instrumentalisierung von Kommunikation läuft auf eine Depersonalisierung der Kommunikation und damit auf ihre Enthumanisierung hinaus. Daher die Forderung nach und der Anspruch auf »soziale Kommunikationsmittel«, die das Gemeinwohl über die Kommerzialisierungsinteressen Einzelner stellen, auf »soziale Kommunikationsmittel«, die die Bedingungen für eine offene Gesellschaft ermöglichen, die wiederum die Voraussetzung für Demokratie darstellen. Denn die Alternative zur offenen Gesellschaft heißt Diktatur, und der Verzicht auf argumentative Einlösung von Geltungsansprüchen ist nicht die adäquate Antwort auf die Beschleunigungsgesellschaft der Moderne, sondern führt auf dem direkten Weg in den Gesinnungs- und Meinungsterror. Und dieser Preis ist bei Weitem zu hoch für das, was man gemeinhin Fortschritt nennt.

Demokratischer Staat vs. autoritäre Versuchung

Die christliche Lehre vom Menschen und der Gesellschaft ist gegründet in den Prinzipien der Personalität und der Solidarität. Das Personalitätsprinzip geht davon aus,

dass »der Mensch der Träger, Schöpfer und Ziel aller gesellschaftlichen Einrichtungen ist.«[38] Doch dieses Menschsein verwirklicht sich nicht im mitmensch-freien Raum,
sondern es wird eingelöst in der Gemeinschaft der Menschen. »Eigenständigkeit und Gemeinschaftsbezogenheit
stehen in wechselseitiger Zuordnung und Abhängigkeit
und bilden die ganze Wirklichkeit des Menschen: Er er-
füllt den Sinn seiner Existenz durch Wertverwirklichung
in der Gemeinschaft, kann aber der Gemeinschaft nur
dienen als eigenständige und selbstverantwortliche Person.«[39]

Die strukturierende Ordnung des Gemeinwesens in der
Institution des Staates stellt ein wichtiges Vehikel dar, um
Eigenständigkeit der Person und notwendige Vergemein-
schaftung, um Selbstverantwortung und Daseinsvorsorge für alle Menschen verwirklichen zu können. Der
Staat ist Vehikel hiervon, nicht Selbst- oder Endzweck
gemeinschaftlichen Menschseins. Diese dienende Funktion des Staates muss sich aus christlicher Sicht daran
messen lassen, inwieweit sie die Entfaltung der Person
fördert, ohne auf die Herstellung von Bedingungen für
die gemeinschaftliche Daseinsvorsorge zu verzichten.
Und hier kommt neben den Prinzipien der Personalität
und Solidarität noch ein weiteres Grundaxiom christli-
cher Soziallehre hinzu: die Subsidiarität. Diese geht vom
Grundsatz aus, dass jeder Mensch das eigenständig tun
soll und kann, zu dem er willens und fähig ist. Erst wenn
der Mensch nicht, in der Lage oder nicht fähig ist, kann
unterstützend – subsidiär – die Gemeinschaft einsprin-
gen, aber nicht indem sie entmündigend Aufgaben für

den Einzelnen übernimmt und erledigt, sondern immer nach der Maßgabe: »Hilfe zur Selbsthilfe.« So darf zum Beispiel der Staat keine Aufgaben zwingend an sich ziehen, die eigenständig von Menschen in ihrer Eigenverantwortung erledigt werden können. Der Staat muss sich selbst hier enge Grenzen auferlegen, weil schnell der Gedanke aufkommen kann, der Einzelne kann es zwar potenziell selbst tun, aber die staatlich Verantwortlichen können es besser. Dies würde dem Subsidiaritätsprinzip zuwiderlaufen.

Ist das Gemeinwohl oberste Messlatte für die Güte des Zusammenlebens, so ist, bei Wahrung des Personalitätsprinzips, die Demokratie als Verifizierung der Botschaft Christi das politische System, das diese Gemeinwohlverpflichtung am besten einlöst. Eine Demokratie, deren Funktionieren sich an der argumentativen Einlösung von Geltungsansprüchen messen lassen muss, wahrt am ehesten die personale Würde des je Einzelnen und sichert gleichzeitig die Bedingungen für ein auch die Schwachen nicht ausgrenzendes Zusammenleben. Denn Demokratie ist ohne Rechtsstaat und ohne Rechtsstaatlichkeit nicht vorstellbar, einen Rechtsstaat, der verbriefte Rechte – auch und gerade für die Minderheiten und die sozial Schwachen – einklagbar vorhält, was wiederum eine Einlösung der Gemeinwohlverpflichtung bedeutet.

Doch die Beschleunigungsgesellschaft der Moderne stellt die Demokratie und den Rechtsstaat auf eine harte Bewährungsprobe. Denn: Kann eine Gesellschaft, die versucht, mit dem Beschleunigungstempo der Moderne mitzuhalten, es sich noch leisten, ein oftmals langwieriges Austarieren von Geltungsansprüchen zu garantieren? Generell: Taugt die Demokratie für die Dynamik der Moderne, oder bedarf die Moderne einer Staatsform, die schnelle Antworten gibt, auch wenn ein Diskurs nicht stattgefunden hat? Gerade das chinesische Modell eines autoritären Dirigismus bietet sich vor allem bei aufstrebenden Schwellenländern als Möglichkeit an, extrem expansiv Wachstum über Wachstum zu produzieren. Menschenrechte dürfen hier keine große Rolle spielen, es gilt das Motto: Die Bedingungen der Moderne diktieren die Entscheidungswege und die Entscheidungsweisen, auf ein – demokratisches – Abwägen muss verzichtet werden, die Elite hat das Sagen, das Personalitätsprinzip muss der Moderne geopfert werden.

Doch täuschen wir uns nicht! Nicht nur den aufstrebenden kapitalistischen Schwellenländern kann dieses Modell zur Verführung werden, auch in demokratischen Staaten ist nicht nur in Ansätzen die Tendenz vorhanden, eine autoritäre »Basta-Politik« zur Anwendung zu bringen. In gewisser Weise ist das auch zu verstehen: Weltpolitische Entscheidungen bedürfen in der Tat oftmals einer schnellen Handlungsfähigkeit, so dass ebenso schnell das Diktum »alternativlos« gebraucht wird, um eine Entscheidung vom argumentativen Diskurs zu dispensieren. Doch für die christliche Soziallehre ist klar: Demokratie ist keine Staatsform, die einfach nach Belieben benutzt werden darf, ist doch die Entscheidung für eine Demokratie in den Prinzipien des christlichen Menschen- und

Gesellschaftsbildes gegründet und nicht beliebig verfügbar.

Auf den Punkt gebracht: Alle Modelle eines strukturierten und geordneten Gemeinwohls müssen sich an der Einlösung der Prinzipien von Personalisierung, Solidarität und Subsidiarität messen lassen und diese garantieren, sonst droht nicht nur die Gefahr eines Terrorsystems, sondern diese Missachtung führte zielsicher in eine Gesellschaft der Inhumanität.

Sind in der Moderne diese Prinzipien christlichen Menschen- und Sozialverständnisses vom System der Moderne her nicht einlösbar, dann kann das nicht heißen, man müsse bei diesen Forderungen nach Personalität, Solidarität und Subsidiarität eben Abstriche machen, sondern dies kann nur heißen, dass das System der Moderne solche Fehler in sich birgt, die grundlegend verändert werden müssen, so dass über die Einlösung dieser christlichen Grundwerte eine menschenwürdige Gesellschaft entstehen kann. Oder will tatsächlich jemand in einer Gesellschaft der Moderne leben, die nicht das Wohl der Menschen zu ihrer eigentlichen Aufgabe macht?

Gezieltes Wachstum vs. zügelloser Kapitalismus

Bundeskanzlerin Angela Merkel sagte bei ihrer Regierungserklärung am 10. November 2009: »Ohne Wachstum keine Investitionen, ohne Wachstum keine Arbeitsplätze, ohne Wachstum keine Gelder für die Bildung, ohne Wachstum keine Hilfen für die Schwachen. Und umgekehrt: Mit Wachstum Investitionen, Arbeitsplätze, Gelder für die Bildung, Hilfe für die Schwachen und – am wichtigsten – Vertrauen bei den Menschen.« Diese Wachstumsphilosophie mutet eigenartig an, wenn wir sehen – und wir haben ja schon darauf hingewiesen –, dass Wachstum um jeden Preis eben seinen Preis hat, der morgen schon längst nicht mehr bezahlt werden kann, wenn wir nur an die Klimaveränderung oder die Endlichkeit der Rohstoffe denken. Solch zügelloses Wachstum kann es nicht mehr geben, ja darf es nicht mehr geben! Unsere Wachstumsphilosophie muss um der Menschen willen und um unserer Zukunft willen infrage gestellt werden. Wenn wir sagen, diese Wachstumssucht muss um der Menschen und um der Schöpfung willen infrage gestellt werden, dann verpflichtet das auch, ein Gegenmodell zu entwerfen, das dem christlichen Menschen- und Gesellschaftsmodell entspricht und damit für eine Zukunftsermöglichung geeignet erscheint.

Fragen wir direkt: Was hat das Christentum für ein Wirtschaften der Zukunft zu bieten? Zuerst die Prinzipien, an denen sich ein solches Wirtschaften spiegeln lassen muss. Solche Prinzipien sind allgemein von einer Forderung getragen, dass der Mensch der Gestalter des wirtschaftlichen Fortschritts bleiben muss, oder wie es die Pastorale Konstitution *Gaudium et Spes* des Zweiten Vatikanischen Konzils 1965 ausdrückt: »Niemals darf der wirtschaftliche Fortschritt der Herrschaft des Menschen entgleiten; ebenso wenig darf er der ausschließlichen Bestimmung durch wenige mit übergroßer wirtschaftlicher Macht ausgestatten Einzelmenschen oder Gruppen noch dem

Staat oder einigen übermächtigen Gruppen ausgeliefert sein. Im Gegenteil ist geboten, dass auf jeder Stufe möglichst viele Menschen und, soweit es sich um den zwischenstaatlichen Bereich handelt, alle Nationen an der Lenkung des wirtschaftlichen Fortschritts aktiv beteiligt sind.«[40] Eine solche Forderung steht natürlich unmittelbar in der Gefahr, belächelt zu werden wegen ihrer vermeintlichen Blauäugigkeit und Weltfremdheit. Aber eines muss klar sein: Wir sitzen letztendlich alle in dieser Welt im selben Boot. Und wenn die Reichen und Mächtigen ihren »Immer-mehr-und-mehr-Wachstumsschlund« füllen, dann haben sie ihren kurzfristigen Gewinn, und die Armen dieser Welt sind die Verlierer, aber schon in mittelfristiger Sicht schlägt die ausgebeutete Natur in einem solchen Maße zurück, dass das gemeinsame Boot in bedenkliche Schieflage gerät.

Eine weitere Forderung aus dem Konzilsdokument *Gaudium et Spes* weist uns nicht nur darauf hin, dass der gesamte wirtschaftliche Entwicklungsprozess von Menschen bewusst gesteuert werden muss, sondern auch darauf, dass dieses bewusste Steuern nur ein Ziel haben darf: das Wohl der Menschen. Um des Wohl des Menschen willen muss Wirtschaften geschehen. Das entspricht zentral dem christlichen Menschen- und Gesellschaftsbild, aber es ist auch der einzige Weg, um Wirtschaft langfristig gewinnermöglichend zu erhalten. Nur wenn wirtschaftliche Tätigkeit von den Menschen aktiv mitgetragen wird und ihren Bedürfnissen entspricht, nur dann wird es Menschen geben, die sich aktiv mit ihrer Leistung in den Wirtschaftsprozess einbringen und die aktiv dafür Sorge tragen, dass das soziale Umfeld als Ermöglichungsfaktor für gewinnorientiertes Wirtschaften erhalten bleibt. Das entspricht ganz analog der Erkenntnis des früheren Bundesverfassungsrichters Ernst-Wolfgang Böckenförde, der über den Staat sagt: »Der freiheitliche, säkulare Staat lebt von Voraussetzungen, die er selbst nicht garantieren kann.« Auf die Wirtschaft bezogen heißt das: Das gewinnorientierte Wirtschaften lebt von Voraussetzungen, die es selbst nicht garantieren kann. Diese Voraussetzungen heißen: Der Mensch muss bewusst erleben können, dass wirtschaftliches Tun zum Wohle des Menschen und zum Wohle der menschlichen Gesellschaft erfolgt. Und nur dann kann es die »licence to operate« von Mensch und Natur geben. Wenn nach Alternativen zum jetzigen wachstumsbesessenen Kapitalismus gesucht wird, dann müssen sich alle Modelle daran messen lassen: Ist das Ziel des Wirtschaftens das Wohl des Menschen und ist es solchermaßen gemeinverträglich oder dient es weiterhin nur zur Vermehrung des Reichtums weniger?

Also: Das Wohl des Menschen steht über dem zügellosen Gewinnstreben Einzelner, das Gemeinwesen über einer grenzenlosen Ökonomie. Und wir erkennen auch hier die Grundpfeiler christlicher Soziallehre: Personalität und Solidarität. Personalität: Vom Menschen ausgehend und zum Wohl des Menschen – das muss der Grundtenor für eine menschen- und schöpfungsadäquate Wirtschaft sein. Und dies eingebettet in neue Formen der Solidarität. Denn die Solidarität ist bisher in keinster Weise strukturierendes Element der kapitalistischen Wirtschaftsweise, sondern Solidarität tritt nur in Aktion, um die schädlichen und inhumanen Folgen eines ausbeuterischen Systems aufzufangen.

Aber gerade das brauchen wir: »An die Stelle eines ausgreifenden Besitzindividualismus, der das als natürliches Recht proklamierte potenziell unbegrenzte Erwerbsinteresse der Einzelnen, das keiner inhaltlichen Orientierung unterliegt, zum Ausgangspunkt und strukturierenden Prinzip nimmt, müssen ein Orientierungsrahmen und eine Handlungsstrategie treten, die davon ausgehen, dass die Güter der Erde, das heißt Natur und Umwelt, Bodenschätze, Wasser und Rohstoffe, nicht denjenigen gehören, die sie sich zuerst aneignen und ausnützen, sondern zunächst allen Menschen gewidmet sind, zur Befriedigung ihrer Lebensbedürfnisse und der Erlangung von Wohlfahrt.«[41] Hier bekommt Solidarität eine neue Funktion, ist sie doch nicht mehr Reparaturwerkzeug, sondern wird zum grundlegenden Strukturelement eines Wirtschaftens in der Post-Moderne. »Hier wird ein Gegenmodell zum Kapitalismus deutlich. Es geht von anderen grundlegenden Satzungen aus, entlarvt damit zugleich den Kapitalismus in seinem inhumanen Charakter. Solidarität erscheint nicht mehr als Reparaturbegriff, um die schädlichen Folgen des freigesetzten Besitzindividualismus abzufangen und auszugleichen, sondern als strukturierendes Prinzip des menschlichen Miteinanders auch im ökonomischen Bereich.«[42]

Wir haben gesehen: Personalität und Solidarität sind klare Parameter eines am Wohl der Menschen und der Natur und Umwelt orientierten neuen postmodernen Wirtschaftssystems. Doch wie können diese Parameter für die Praxis einer Veränderung operationalisiert werden? Zunächst allerdings stellt sich die Frage nach dem »Wer«: Wer muss als Movens einer solchen Systemveränderung agieren? Wieder greift hier die christliche Soziallehre: Wo es die einzelnen Menschen in ihrem direkten Wirkungsbereich nur rudimentär vermögen, solche Veränderungsprozesse wirkmächtig zu gestalten, da muss das Prinzip der Subsidiarität in das der Solidarität eingreifen. Das heißt: Wo die kleinräumige Einheit überfordert ist, muss der Staat als Garant des Gemeinwohls in Aktion treten. Dem Staat bleibt, auch bei der generellen Schwäche des Nationalstaates, die Möglichkeit, über gesetzgeberische Maßnahmen Steuerungsfunktionen unter den Prämissen Personalität und Gemeinwohl zu setzen. Diese Rolle des Staates wurde unter anderem in zwei eindrucksvollen Entscheidungen, gerade unter den obigen Prämissen, deutlich: Durch klare gesetzgeberische Vorgaben des Staates Kalifornien ist seither der Katalysator in allen Automobilen Standard. Oder ein anderes Beispiel: Erst jüngst hat die Regierung Deutschlands mit dem Atomausstieg Zielmargen und einen Entwicklungskorridor gesetzt, der Wirtschaften unter der Prämisse Gemeinwohl konditioniert. In beiden Fällen wurde das umgesetzt, was Kardinal Walter Kasper fordert: »Konstitutiv für die soziale Marktwirtschaft ist ein starker, ordnungspolitisch handlungsfähiger Staat, der in der Lage ist, die Wirtschaft so zu gestalten, dass sie im Dienste des Gemeinwohls steht, etwa über die Sozialpflichtigkeit des Eigentums.«[43]

Es muss klar werden: Im Verhältnis von Staat und markt-orientiertem Wirtschaften darf es kein Nebeneinander geben, geschweige denn eine real existierende Vorherr-schaft der Ökonomie. »Die Ökonomie darf nicht neben dem Sozialvertrag eingerichtet und von außen ›gezähmt‹ werden – das ist das Missverständnis vieler über die ›so-ziale Marktwirtschaft‹. Sie muss integraler Bestandteil des Gesellschaftsvertrages sein und dessen Vorgaben und Geist gehorchen.«[44] In diesem Sinne ist die soziale Markt-wirtschaft die Einlösung der Prinzipien der Personalität und gemeinschaftsstiftender Solidarität für die konkrete Strukturierung wirtschaftlichen Handelns.

Unsere Ausgangsfrage war, wie die Grundsätze christli-cher Soziallehre operationalisiert werden können.
Erste Antwort: durch einen starken, demokratisch legiti-mierten Staat, verifiziert in einer sozialen Markwirt-schaft, operationalisiert in handlungsleitenden Zielvor-gaben.
Zweite Antwort: Der Staat als Wächter des Gemeinwohls muss Handlungskorridore aufzeigen und vorgeben, die einen Weg aus dem blinden Wachstumsfetischismus hin zu einem »zielgerichteten Wachstum« aufzeigen. Dieses zielgerichtete Wachstum muss vom Ausgangspunkt Menschendienlichkeit und Gemeinwohl als Zieloptionen benennen und diese rechtlich einfordern, so dass es zu

einer von Menschen gemachten und am Menschen orientierten Neuausrichtung des Wirtschaftens kommen kann. Zielgerichtetes Wachstum benennt also Felder, in denen Wachstum stattfinden kann und muss, benennt aber gleichzeitig auch Felder, in denen Wachstum keinen Platz haben darf. Nicht mehr Wachstum an sich wäre dann das Ziel, sondern Wachstum in bestimmten Wirtschaftsfeldern. Dem Primat der Politik würde es dann obliegen, solche Wirtschaftsfelder unter den Prämissen menschen- und gemeinschaftsdienlich zu benennen, festzulegen und in der Umsetzung einzufordern. Und wer hierbei sagt, das sei traumtänzerisch wirklichkeitsfremd, den frage ich: Hätten wir uns in Deutschland vorstellen können, innerhalb weniger Tage aus der Atomkraft auszusteigen?

Doch genau solcher Schritte bedarf es, um die Überlebensfähigkeit der Menschen auf dieser Welt zu gewährleisten. Ein solches zielgerichtetes Wachstum könnte zudem der Marktwirtschaft in ihrer Form als sozialer Marktwirtschaft zu einem neuen Siegeszug verhelfen.

Langfristige Gewinnermöglichung vs. kurzfristige Profitmaximierung

Wenn sich ein globales Wirtschaftssystem ändern muss, dann geht das nicht, wenn sich nicht auch Umbauprozesse in den einzelnen Unternehmen widerspiegeln und sich dort vollziehen. Wirtschaftssystem und Struktur des Arbeitens im Unternehmen bedingen sich wechselseitig.

Und dabei entscheidet sich alles an der Frage: langfristige Gewinnermöglichung oder kurzfristige Profitmaximierung? Will man kurzfristig Cash machen, muss der Mensch im Unternehmen als Kostenfaktor gesehen werden – die Senkung des Kostenfaktors Mensch verspricht kurzfristig noch mehr Cash. Aber ein Unternehmen im »Long Run« zu sehen, bedeutet auch zu sehen, welches das einzige Kapital ist, über das ein Unternehmen verfügt, und das ist der Mensch. Der Mensch ist plötzlich nicht mehr Kostenfaktor, sondern Gewinnfaktor, weil der Mensch mit seiner Leistung, Motivation und Innovation alle Entwicklungsschritte im Unternehmen schafft und ermöglicht, oder eben auch nicht. Steht der Mensch in der praktischen Wertschätzung im Mittelpunkt eines Unternehmens, wird der Mensch in seiner Individualität akzeptiert und geachtet. Erhält er motivationsfördernde Freiräume, so kann dieser Mensch auch bereit sein, seine Leistung, Innovation und Kreativität zum Wohle und zur Leistungskraft seines (!) Unternehmens einzubringen. Bedingungen zur Sinnentfaltung für die Menschen in Unternehmen schaffen, das erzeugt Begeisterung für die Arbeit und das ist Voraussetzung, langfristig Gewinne erzielen zu können.

Diese Sicht vom Menschen als Gestalter der Welt – innerhalb und außerhalb des Unternehmens – ist der Kern der christlichen Botschaft schlechthin und zentrale Voraussetzung für ein gezieltes, nachhaltiges Wachstum und Wirtschaften für die Zeit der Nach-Moderne. Wenn man so will: alte Werte für nach-moderne Zeiten. Denn das Wirtschaftsmodell der Moderne krankt nicht nur an einem überdrehten Wachstum, das gleichsam zur unhinterfragbaren Religion der Moderne geworden ist, sondern dieses Wirtschaftsmodell krankt auch an einem reduktionistischen Menschenbild, das glaubt, den Menschen erst seine Individualität entziehen zu müssen und so seine intrinsische Motivation abzutöten, um ihm dann über extrinsische Motivationsanreize zur Leistung treiben zu müssen.

Da hätte man doch besser beim christlichen Menschenbild nachgeschaut, denn eines ist klar: Der Mensch ist kein Ding, das Innovation, Kreativität und Leistung auf Druck hervorbringt, sondern der Mensch will von sich aus gerne Leistung bringen, wenn er merkt, dass sein Tun mit ihm im Einklang steht und er für sich Sinn aus seinem Tun und seiner Arbeit ziehen kann. Das mag sich in den Ohren der Ideologen der beschleunigten Moderne absurd und naiv anhören, doch diese Aktivierung der »Ressource Mensch« ist der einzige Weg, das Knowhow zu bekommen, das man für Wirtschaften in der kommenden Zeit der Nach-Moderne braucht. Innovative Managementmethoden haben dies schon erkannt und propagieren Formen des Zusammenarbeitens, die zum einen die Freiräume des Einzelnen als Kreativpotenzial achten und zum anderen das Menschsein in der Arbeitsgemeinschaft fördern, um Individualität und kooperatives Wissen zum Wohl des Einzelnen und des Unternehmens zusammenzubringen.

Und hier haben wir sie schon wieder, die Grundstandards eines christlichen Menschen- und Gesellschaftsbildes: Persönlichkeit respektieren, Solidarität ermöglichen und unterstützende Subsidiarität gewähren, dort, wo sie notwendig ist. Das sind die Erfolgsparameter für Menschsein in der Nach-Moderne, aber auch und gerade für ein gewinnbringendes und nachhaltiges Wirtschaften unter der Prämisse eines neuen gezielten Wachstums. Nun gilt es, diese Elemente der christlichen Soziallehre selbstbewusst in Veränderungsprozesse einzubringen, ob in Wirtschaft, Staat oder in der Gesellschaft.

Der Mensch der Moderne braucht das Christentum

Wenn wir von der faszinierenden Wichtigkeit berichten wollen, die das Christentum für die Menschen gerade in unserer Zeit der Moderne haben kann, dann wäre bereits ein zentraler Mehrwert durch das Christentum dadurch gegeben, dass sich die Bedingungen des gesellschaftlichen Handelns stärker an den Bedürfnissen der Menschen orientieren könnten, sprich, die Prinzipien der christlichen Soziallehre zumindest in Ansätzen verwirklicht würden. Es ist doch ein Wechselspiel: Gelingendes Menschsein ist eher möglich unter gesellschaftlichen Bedingungen, die von einer Menschendienlichkeit geprägt sind, als in den herrschenden Verhältnissen der Moderne. Generell kann man sagen: Mit der christlichen Botschaft hat der Mensch der Moderne eine Sicherheit schaffende Wertegrundlage, um Ziele und Schritte zu benennen, wie sich gesellschaftliches Handeln entwickeln muss, um Menschen eine Lebensgrundlage, um Menschen eine Zukunft auf dieser Welt zu geben. Und: Mit dieser christlichen Botschaft hat der Mensch der Moderne eine Sicherheit schaffende Wertegrundlage, um nicht an dieser Welt und im Kampf für eine menschendienliche Welt zerbrechen zu müssen. Lassen sie es uns klar sagen: Die christliche Botschaft ist der Schlüssel für die Menschen der Moderne, ihr Leben und das Zusammenleben der Menschen so zu gestalten, dass es menschenwürdig und menschendienlich, schlicht lebenswert ist. Diese Faszination muss auch und gerade ins Bewusstsein der Christen kommen, wollen sie diesen Spirit und diese Power für sich selbst verspüren und andere dafür begeistern können. Was ist es, was das Christentum – gerade heute! – für den Einzelnen zu bieten hat, was ist die Botschaft, die ein solches Potenzial in sich birgt?

Der Mensch zählt

Die Personalität des Menschen, seine Einzigartigkeit, so charakterisierten wir es ausgehend vom christlichen Menschen- und Gesellschaftsbild, ist grundgelegt in der Erschaffung des Menschen als Abbild Gottes. Der Mensch ist Ebenbild und Partner Gottes auf Erden. Eine höhere Dignität, ein stärkerer Wert des Menschen – eines jeden Menschen – kann es nicht geben. Jeder Mensch zählt gleich viel auf dieser Welt, nicht erst der Mensch, der Leistung bringt, sondern vom Grund her jeder Mensch. Doch die Bedeutungszuweisung geht noch weiter, denn der Mensch ist nicht nur Abbild Gottes, sondern eben auch Partner Gottes auf Erden. Partner haben Kommunikation untereinander, sprechen sich miteinander ab. So auch Gott und Mensch. Die christliche Botschaft ist die Botschaft einer Zwiesprache zwischen Mensch und Gott. Der Mensch lässt sich von Gott ansprechen und gibt mit seinem Leben Antwort auf die Ansprache. Gott sieht den Menschen an, er sieht jeden Menschen in seinem So-Sein, in seiner je eigenen Individualität, gibt ihm dadurch eine Würde und ein unverwechselbares Gesicht. Der Mensch hört auf, Masse zu sein, hört auf, ein beliebiges Etwas oder gar ein Nichts zu sein, er ist im besten Sinne Mensch.

Indem Gott den Menschen zu seinem Partner erhebt, ist das für den Menschen nicht nur ein Geschenk, sondern auch ein Auftrag: nämlich Verantwortung für diese Welt wahrzunehmen, die Welt menschenwürdig und damit gottgefällig zu gestalten. Dieses ist ein kolossaler Auftrag, und dafür braucht es Menschen, die als Partner Gottes auf ihn vertrauend und in der Sicherheit, von Gott getragen zu sein, kraftvoll ihr eigenes Leben und das Leben in dieser Welt mitgestalten.

Wenn nun jeder Mensch zählt und von Gott gewollt ist, aber auch eine kraftvolle Verantwortung übertragen bekommen hat, so kann der einzelne Mensch letztlich auch sagen: Gott, du hast mich so geschaffen mit meinen Talenten und Schwächen, ich freue mich über meine Talente und muss und kann meine Schwächen auch akzeptieren, muss mir meine Begrenztheit nicht vorwerfen, kann im besten Fall Frieden mit mir selbst schließen. C. G. Jung würde gesagt haben, auch meine eigenen »Schatten« in mir darf und kann ich jetzt als Ebenbild und Partner Gottes akzeptieren. Ein wunderbarer Gedanke: Die Größe des Menschen – jedes einzelnen Menschen –, grundgelegt in der Ebenbildlichkeit und Partnerschaftlichkeit Gottes, ist nicht nur verantwortungsvoller Anspruch an den Menschen, sondern der Mensch in seiner Verantwortung hat eben auch einen starken Partner an seiner Seite, nämlich Gott selbst: Das Leben kann gelebt werden und es kann gut gelebt werden, weil Gott es mit uns als Partner lebt. Dieser Gott schenkt Stärke, Rat und Selbstvertrauen für ein gutes Leben – trotz allem und gerade deshalb.

Die Angst hat nicht das letzte Wort

Von Gott mit Größe und Würde ausgestattet zu sein, sich seiner Partnerschaft sicher zu sein, das heißt auch für jeden Einzelnen, das Potenzial eines großen Selbstvertrauens verspüren zu können. Und nur dieses tief gegründete Selbstvertrauen gibt dem Einzelnen den Mut und den Halt, sein Leben meistern zu können, denn es gibt die letzte Sicherheit: Man kann nicht tiefer in diesem Leben fallen als in Gottes Hände. So wie die Jünger im Schiff, die es während eines Sturms mit der Angst zu tun bekommen, zu Christus riefen: »Herr, rette uns, wir gehen zugrunde! Er sagte zu ihnen: Warum habt ihr solche Angst, ihr Kleingläubigen? Dann stand er auf, drohte den Winden und dem See, und es trat völlige Stille ein.«[45] Der Mensch kann also die Angst besiegen, weil er Gott als Partner an seiner Seite weiß und weil er auch seine Zukunft, seine letzte Zukunft kennt: »dass der Mensch, von dem wir wissen, dass das Leben ihm Angst macht, weil er die nächste Zukunft nicht kennt, von der Angst erlöst ist, weil er die letzte Zukunft kennt, die Gott selbst ist.«[46] Dieses Wissen kann den Menschen frei machen, auch und gerade frei von der Angst. Jesus spricht darüber zu uns (im Matthäusevangelium 6,25): »Deswegen sage ich euch: Sorgt euch nicht um euer Leben und darum, dass ihr etwas zu essen habt, noch um euren Leib und darum, dass ihr etwas anzuziehen habt. Ist nicht das Leben wichtiger als die Nahrung und der Leib wichtiger als die Kleidung? Seht euch die Vögel des Himmels an: Sie säen nicht, sie ernten nicht und sammeln keine Vorräte in Scheunen: euer himmlischer Vater ernährt sie. Seid ihr nicht viel mehr wert als sie? Wer von euch kann mit all seiner Sorge sein Leben auch nur um eine kleine Zeitspanne verlängern? Und was sorgt ihr auch um eure Kleidung? Lernt von den Lilien, die auf dem Feld wachsen: Sie arbeiten nicht und spinnen nicht. Doch ich sage euch: Selbst Salomo war in all seiner Pracht nicht gekleidet wie eine von ihnen. Wenn aber Gott schon das Gras so prächtig kleidet, das heute auf dem Feld steht und morgen ins Feuer geworfen wird, wieviel mehr dann euch, ihr Kleingläubigen! Macht euch also keine Sorgen und fragt nicht: Was sollen wir essen? Was sollen wir trinken? Was sollen wir anziehen? Denn um all das geht es den Heiden. Euer himmlischer Vater weiß, dass ihr das alles braucht. Euch aber muss es zuerst um sein Reich und um seine Gerechtigkeit gehen; dann wird euch alles andere dazugegeben.« Können wir bei diesen Worten nicht nachempfinden, was Hilde Domin in die Worte fasst: »Ich setzte den Fuß in die Luft und sie trug.«

Vertrauen zu können, den Mut zu haben, Schritte auch ins Ungewisse tun zu können, das macht frei, frei von Angst oder, wie Peter Sloterdijk sagt: »Frei ist, wem die Eroberung der Sorglosigkeit gelang.«[47] Doch diese Freiheit ist keine Freiheit um ihrer selbst willen, sondern eine Freiheit »um zu«: um sich selbst die Möglichkeit zu geben, ein geglücktes und beglückendes Leben führen zu können, um mit seinem aus der Freiheit geborenen Selbstvertrauen mitzuhelfen, dass auch für andere Menschen ein lebenswertes Leben möglich wird. Das sind die Verpflichtung und die Selbstverpflichtung aus dem Auftrag Gottes, den Menschen als seinen Partner in der Welt zu sehen.

Wie ein solches Vertrauen, wie ein solcher Glaube tragen kann, das hat Papst Johannes Paul II. gerade in seinen letzten Lebenstagen in seiner zum Tode führenden Krankheit gezeigt: »Dieser Mann schien weder Angst zu verspüren für seine Gebrechen, noch hatte er Angst vor dem Sterben. Dies beides jedoch, Krankheitsscham und Todesangst, ist der wahre Horror des Menschen.«[48] Bernd Ulrich, der dies so konstatiert, schließt daraus: »Für nichts, was uns auferlegt ist, müssen wir uns schämen, nicht für das Zittern, nicht für das Röcheln, nicht für die Inkontinenz oder für das Allesvergessen. (...) Johannes Paul II. konnte froh sterben, weil er sein ganzes Leben darauf gesetzt hat, dass es Gott gibt.«[49]

Welche Befreiung muss der Mensch verspüren, der nicht mehr nur funktionieren muss, der auch eines sein kann:

verletzlich? Der nicht alles erreichen muss, der auch weltlich gesehen scheitern kann, aber eines immer bleibt: ein Mensch. »Der Gläubige ist sich nicht mehr selbst letzte Instanz, er muss nicht mehr alles kontrollieren und selbst alles richtig machen, er kann sich mit seinen Macken vor die höhere Instanz werfen, die vertraut und fremd, nah und fern zugleich ist.«[50]

Wie viel an Überforderung fällt so vom Menschen der Moderne ab, wie viel an Hoffnung kommt ihm da entgegen! Ist diese christliche Botschaft solchermaßen heilvoll für die Menschen und die Gesellschaft, so müssen sich die Christen immer wieder selbstkritisch fragen, ob dieser Glaube von den Menschen noch als »Salz der Erde« wahrgenommen werden kann und ob dieser Glaube als ein Skandal in der unhinterfragbaren Zwangsläufigkeit der Moderne wirken kann. Denn: Die Menschen brauchen diesen Skandal der Menschendienlichkeit.

Den anderen Blick wagen

Führen die Angst, der Zweifel und die Mutlosigkeit nicht mehr das Regiment, so ist es für jeden von uns eher möglich, nicht nur auf sich und sein Problem zu starren, sondern es kann sich eine neue Faszination auftun: die Welt in ihrer Fülle und Schönheit im Großen, aber auch im Kleinen sehen zu können. Diese neue Weltsicht ist dann auch Voraussetzung, dass man einen neuen, einen anderen Blick auf sein Leben und auf die Wirklichkeiten dieses Lebens haben kann. Für den Begründer der Logotherapie, Viktor Frankl, ist dieser potenziell andere Blick, dieses So-oder-so-sehen-Können, ein zentraler Baustein, um sich selbst die Chance zu geben, das Gute und Gelungene, ist es auch noch so versteckt, in seinem eigenen Leben finden und sehen zu können. So kann es einem gelingen, auf sein Leben anders zu sehen, um sein Leben anders sehen zu können.

Ist die Chance zum anderen Blick gegeben, müssen gegenwärtige Zustände (im Persönlichen wie im Gesellschaftlichen) nicht mehr unhinterfragt hingenommen werden, denn im anderen Blick ist auch die potenzielle Veränderbarkeit angelegt. Gerade für Christen ist die aus dem anderen Blick abgeleitete Möglichkeit zu einer Veränderung zum Guten schon dadurch gegeben, weil die Handlungen der Menschen zwar von äußerster Wichtigkeit sind, aber Gott im Regimente sitzt, der letztlich die Welt und die Menschen zum Guten führt. Diese potenzielle Veränderbarkeit zum Guten hin heißt dann auch, dass der Christ utopiefähig ist, weil es ihm nun möglich ist, sich Bilder von einem guten Leben vorstellen zu können. Und in diesen Bildern liegt dann schon eine starke Veränderungsdynamik. Nichts anderes heißt es, als Partner Gottes seine Verantwortung wahrzunehmen.

Der andere Blick heißt nicht nur, so oder so die Welt sehen zu können, der andere Blick heißt auch, sein Leben auf dieser Welt an der Hand des Partner, Gottes, führen zu können. Denjenigen, die sich an der Hand Gottes wissen, ist klar, dass sie ihre Verantwortung für ein gottgerechtes Tun auf dieser Welt einlösen müssen, aber sie wissen auch, dass der Wahn des Gelingen-Müssens, dass der

Wahn des Alles-Könnens, seine Macht verloren hat. Denn der Christ weiß, dass seine Halbheit, seine Unfertigkeit, auch sein Versagen so ungereimt bleiben können, weil Gott all das Tun und Handeln der Menschen von ihrer Intentionalität her sieht und dieses letztlich vollendet. »So, lieber Gott, jetzt bist du dran!«, dieser Wunsch kann nach getaner Arbeit, aber auch nach einem ganzen Leben, einen befreienden – anderen – Blick auf sich selbst und die eigenen Bemühungen bewirken.

Lernt man den anderen Blick, so ist es möglich, sein Leben vielleicht sogar realistischer zu sehen. Die französische Schriftstellerin Colette sagte gegen Ende ihres Lebens: »Eigentlich hatte ich ein wunderschönes Leben, leider habe ich es zu spät gemerkt.«

Man muss sich nur getrauen, muss nur den Schritt auf Gott zugehen, ihn als Partner akzeptieren, dann kann man vielleicht nicht erst am Ende seines Lebens feststellen, dass man ein wunderschönes Leben hat. Und wenn man dabei merkt, dass doch nicht alles so wunderschön ist, dann sollte man mit seinem Partner Gott doch auch die Kraft haben, etwas Altes zu verändern oder etwas Neues anzufangen – und das, solange man lebt.

Diese Zusage, nicht allein durch diese Welt gehen zu müssen und letztlich die Freude eines umgreifenden Glücks erfahren zu dürfen, diese Zusage ist Hoffnung, Trost und Zuversicht. Auch die Angst schlechthin, die Angst vor dem Tod, verliert ihren Stachel, wenn man weiß, wie es Dietrich Bonhoeffer sagt: »Das Leben fängt erst an, wenn es hier aufhört.«[51]

Eine verstörende Vorstellung, aber eine zutiefst tröstliche und hoffnungsvolle, denn: Wir müssen, um es salopp zu sagen, nicht alles auf dieser Welt reißen, wir müssen nicht panisch jedem Glücksversprechen hinterherrennen, wir haben mit dieser Botschaft von der Zusage Jesu Christi plötzlich die Chance, uns und die Welt anders wahrnehmen zu können. Wir brauchen keine Angst mehr zu haben, dem großen Glück nicht begegnen zu können, denn der Christ weiß um sein großes Glück, schon jetzt in diesem Augenblick ein erfülltes Leben haben zu können. Und was er nicht leisten kann, das wird Gott – wann auch immer und wie auch immer – von sich aus dazulegen.

Der Sinn ist der Schlüssel zum Leben

Christen können trotz der Widrigkeiten in der Welt und in ihrem Leben Hoffnung haben, nein: Grund zur Hoffnung haben (siehe 1 Petrus 3,15), und dieser Grund heißt Jesus Christus. Jesus Christus ist der Grund der Hoffnung und der Schritt zum Sinn, den der Mensch braucht, um den Schlüssel für sein Leben, für ein erfülltes Leben, zu erhalten. Das Gehen und Leben mit Jesus Christus fügt die Facetten des Lebens zusammen wie die Teile eines Puzzles, von denen man nicht weiß, wie sie zusammenpassen, bis man die entsprechende Vorlage sieht, – und diese heißt Jesus Christus. An ihm und mit ihm lernen wir, was leben heißt und wie Leben geht.

Und so wie das Leben zwischen Menschen nur bestehen kann durch die Pflege der Kommunikation, so steht es auch mit der Beziehung zu Gott und seinem Mensch gewordenen Sohn Jesus Christus: Auch hier bedarf es der Pflege der Beziehung und der Pflege der Kommunikation. Für einen Christen ist dieses »Beziehungs-Tool« das Gebet, das die Beziehung Mensch–Gott mit Leben füllt und wirksam werden lässt. Auf diese Beziehung im Gebet weist sehr schön der Filmemacher Wim Wenders hin: »Gott spüren zu können ist ja eine kindliche Fähigkeit, die viele Menschen im Lauf der Jahre verlernt zu haben glauben. Ich meine nicht das naive ›14 Englein um mich stehen‹, sondern dieses Grundvertrauen in ein Gehörtwerden, sich von Gott gesehen und erkannt zu wissen. Ich habe in meinem Leben Antworten auf Gebete bekommen, gerade dann, wenn ich niemand anderen mehr fragen konnte. Man kann das von den Psalmen lernen, von der Unmittelbarkeit und Unbedingtheit, mit der David da Gott anruft und sagt: ›Heh! Ich brauche deine Hilfe, lass mich jetzt nicht hängen!‹ Man muss sich nur trauen! Ich habe dadurch oft in mir Gewissheit erfahren oder Frieden mit etwas schließen können.«[52]

Kraft schöpfen im Gebet ist das Eine, aktive »Weltarbeit« das Andere. Dazu Dietrich Bonhoeffer: »Unser Christsein wird heute nur in zweierlei bestehen: im Beten und im Tun des Gerechten unter den Menschen.«[53] Für Christen gilt also nicht nur das Gebet oder die aktive Arbeit in der Welt, sondern wesenhaft gehört beides zusammen: Kraft und Klarheit im Gebet, dann das kraftvolle Tun und Umsetzen in der Mitgestaltung der Welt.

Wird man sich im Gebet bewusst, »dass jedes Wort der Heiligen Schrift ein Liebesbrief Gottes an uns ganz persönlich ist«[54], und lässt man sich auf das Liebesangebot Gottes ein, eines Gottes, der uns Jesus Christus als einen »personal coach« geschickt hat, dann wird man feststellen: »Gott füllt zerbrochene Gefäße«[55] – welch' wunderbare Vorstellung!

Der Christ ist der wahre Genießer

Und wenn wir nicht mehr die Zeit vertun müssen, dem nie erreichbaren großen Glück nachzuhetzen, dann haben wir plötzlich die Chance, die »kleinen Sinneinheiten« sehen zu können und sie dankbar genießen zu dürfen. »Genießen«, das ist das richtige Stichwort für Menschen, die die faszinierende Botschaft Christi für sich entdeckt haben, denn: Das Leben eines jeden wird nicht erst irgendwann vielleicht Grund zur Freude und zum Genießen haben, sondern jedes Leben hat mit Blick auf Gott hin schon jetzt die Chance zum Sinn, und damit ist der entscheidende Schritt zum Glück getan – und das ist die Botschaft Christi.

Wenn man zu diesem Ja zum Leben bereit sein kann, dann braucht man nicht mehr zu warten, bis der Augenblick des Glücks kommt, sondern man sieht das Glück des Augenblicks – welch ein Glück!
Wer sich auf dieses Glück des Augenblicks einlassen und es genießen kann, der findet viele Augenblicke zum Ge-

nießen, und viele oberflächlich gesehen unbedeutende Augenblicke können ein Grund zur Freude werden. Wir sollten nicht vergessen: Diese oftmals unbeachteten Augenblicke und scheinbaren Kleinigkeiten sind die Summe des Lebens.

Bei solch einem Genießertum kommen die zarten Dinge des Lebens nicht mehr unter die Räder, seien es die Freude und das Lachen, aber auch die Trauer und die Liebe.

Adalbert Stifter war so ein »Dichter des Unscheinbaren«, hat er doch nicht krampfhaft das Große, das Spektakuläre oder gar das Grausame in seinen Erzählungen und Romanen nachgezeichnet, sondern das auf den ersten Blick scheinbar Unscheinbare, das Leise, das Stille. Sein Roman »Der Nachsommer« gibt beredt Auskunft über das Glück im Unscheinbaren. Auf knapp eintausend Seiten findet keine »action« statt, aber das pralle Leben in der Diskretion. Verwundert es, wenn dieses Buch für Dietrich Bonhoeffer in seiner Todeszelle bei den Nazischergen durch seine Reinheit und Schönheit wahre Labsal und ein Grund zum Genießen wurde – trotz oder gerade wegen der schlimmsten Menschenverachtung rundherum?

Nicht der spektakuläre Event, nicht der Prunk der dritten Großjacht oder das Promihafte Im-Mittelpunkt-stehen sind der wahre Grund zur Freude und zum Genießen, denn diese Highlights gehen, wie sie gekommen sind. Der wahre Grund zum Genießen ist, angstfrei an der Seite Gottes gerade auch die Freude des »kleinen Glücks« erfahren zu dürfen und sich nicht darum scheren zu müssen, ob dies gesellschaftlich vorzeigbar ist oder eben gerade auch nicht. Das sind die pure Lust am Leben und die Freiheit, dem Glück nicht ausweichen zu müssen.

Und im Übrigen – wie würde der heilige Don Bosco sagen: »Fröhlich sein, Gutes tun und die Spatzen pfeifen lassen.«

Vom Abenteuer, Christ zu sein

So beseelt von der Botschaft Christi schauen wir auf das Leben dieser Welt und stellen fest: Christen, die sich von solch einer Hoffnung tragen lassen, haben anscheinend kein gutes Standing in dieser Gesellschaft. Leisen – oder gar lauten – Spott muss man als Christ schon ertragen können, ist doch gleich die Schublade offen, in die man Christen hineinstecken kann – nach dem Motto: Christen sind die letzten zu kurz Gekommenen, die sich die Gesellschaft der Moderne noch erlaubt. Vielen Christen mag das Gefühl nicht unbekannt sein, von dem Papst Johannes XXIII. berichtet, wenn er feststellt: »Man denkt und sagt, ich sei ein Trottel.«

Nun, sagen wir es einfach so: Die Christen sind tatsächlich die Allerletzten und – sie sollten stolz darauf sein! Denn die Christen sind die Allerletzten, die sich nicht in den Strudel der Angst reißen lassen, die dagegen das Fähnlein der Hoffnung und der Menschendienlichkeit hochhalten, weil sie auf eine Zukunft der Menschen in dieser Welt setzen und die Menschen und die Welt nicht sehenden Auges den »Strukturen der Sünde« ausliefern wollen, wie Papst Johannes Paul II. es in einer Enzyklika 1987 sagte.

Die Christen sind tatsächlich die Allerletzten, sind aber solchermaßen schon wieder die Allerersten, weil gerade die alten Werte der Allerletzten die Fundamente einer nach-modernen Zeit darstellen, will diese Welt eine menschenwürdige und menschendienliche Zukunft haben. Allerletzter und damit Allererster zu sein, das braucht den Mut des Abenteuers, den vielleicht nur die ersten Christen gehabt haben. Denn für einen Abenteurer ist klar: Als Christ ist man heute auf sich allein gestellt. Institutionen, die einem Christen bei diesem Abenteuer beistehen könnten, schwächeln in einem kaum bekannten Ausmaß. Im Glauben quasi von außen sozialisiert zu werden, das fällt nahezu vollständig weg – der Christ ist ein Außenseiter, aber dieser Status steht einem Abenteurer zu, sonst wäre es ja vermutlich kein Abenteurer.

Aber der Abenteurer wird auch mit der Faszination belohnt, genau heute in seine Aufgaben gestellt zu sein. Denn einem Abenteurer, der Christus an seiner Seite hat, ist klar: Er kann hoffnungsvoll auf den heutigen Tag blicken, ohne sich übergroße Sorgen wegen Morgen und Übermorgen zu machen. Ganz im Heute zu leben, aber die Verantwortung für Morgen und Übermorgen trotzdem nicht zu vergessen, das bedarf des Mutes eines Abenteurers, der eine tief engagierte Gelassenheit an den Tag legen kann.

Ja, eine tief engagierte Gelassenheit leben zu können, das ist gegen den Mainstream, aber ebenso Voraussetzung für das Finden der Freude und ein »Leben in Fülle«.

Solchermaßen bedeutet Abenteurer zu sein, den Mut zum Dennoch aufzubringen, einen Mut, der letztlich ein Mut zum Leben ist. Dieses faszinierende Abenteuer hat das Christ-Sein anzubieten, ein Christ-Sein wie gemacht, um Menschen zum Leben zu führen, zu einem »Leben in Fülle.«

Das ist die Zusage und das Versprechen, auf das Christen ihr Leben gründen und damit für sich die Chance ermöglichen, in dieser angsterfüllten Zeit nicht der Angst und der Enttäuschung das letzte Wort zu lassen, sondern den Mut zu haben, glücklich zu sein und das Leben zu lieben – trotz allem.

Der wunderbare Psalm 23 (in der Übersetzung von Arnold Stadler) gibt eine Ahnung hiervon:[54]

Er ist mein Hirt.

Und mir fehlt nichts.

Er gibt mir Licht und Leben.

Es ist wie am Wasser.

Er stillt meinen Durst.

Er sagt mir, wie's weitergeht.

Er ist der Gott, auf den ich

hoffte.

Auch dann, wenn ich durch eine Nacht

muss (meine Nacht),

gerade dann habe ich keine Angst.

Vor nichts.

Denn es ist einer bei mir:
und das bist Du.
Du gehst mir voraus.
Das ist meine Hoffnung.
Du deckst mir den Tisch.
Meine Feinde sehen es
und können nichts machen.
Du machst mich schön.
Es ist ein Fest!
Und so wird es weitergehen,
solange ich am Leben bin
und sein darf,
bei IHM.

Anmerkungen

1 Franz-Xaver Kaufmann, Religion und Modernität, Tübingen 1989, 46.

2 In: Frankfurter Allgemeine Zeitung, 21. November 2001, 10.

3 Wolfgang Uchatius, Kapitalismus in der Reichtumsfalle, in: Die Zeit, 10. November 2011, 23f.

4 Markus M. Grabka / Joachim R. Frick, Weiterhin hohes Armutsrisiko in Deutschland: Kinder und junge Erwachsene sind besonders betroffen, in: Wochenbericht des DIW Berlin 7/2010, 2–11.

5 Kolja Rudzio, Gespaltene Gesellschaft, in: Die Zeit, 8. Dezember 2011, 35.

6 Zit. n.: Die Kluft zwischen Arm und Reich wächst schneller, in: Süddeutsche Zeitung, 6. Dezember 2011, 20.

7 EKD-Denkschrift, Unternehmerisches Handeln in evangelischer Perspektive, Gütersloh 2008, 30.

8 Vgl. Deutsche zweifeln am Kapitalismus, in: Süddeutsche Zeitung, 10. November 2009, 17.

9 UNEP-Bericht, Humanity can and must do more with less, 12. Mai 2011.

10 Norbert Bolz hat hierzu einen guten Aufsatz geschrieben: Der Reaktionär und die Konformisten des Andersseins, in: Merkur, Heft 748/749, September/Oktober 2011, 781–789.

11 Süddeutsche Zeitung, 6. September 2011, 16.

12 Peter Sloterdijk, Weltfremdheit, Frankfurt a. M. 1993, 16.

13 Ebd., 51.

14 Ebd., 18.

15 Odo Marquard, Apologie des Zufälligen, Stuttgart 1986, 82.

16 Sloterdijk, Weltfremdheit, 57.

17 Gerhard Schulze, Neue Mediengesellschaft. Droht das Kaspar-Hauser-Syndrom?, in: Tendenz, Heft III, 1995, 42–44, hier 43.

18 Marquard, Apologie des Zufälligen, 83.

19 Marquard, Apologie des Zufälligen, 41.

20   Marquard, Apologie des Zufälligen, 39.

21   In: Erich Fromm, Das Christusdogma und andere Essays, Stuttgart 1981, 89–96.

22   Ebd., 90.

23   Ebd., 94.

24   Gebhard Fürst, Bischof der Diözese Rottenburg-Stuttgart, weist immer wieder auf diese Dimension hin, die von seinem Vor-Vorgänger als Bischof, Georg Moser, in die öffentliche Diskussion eingebracht wurde.

25   So Johannesevangelium 10,10.

26   So der Katholische Erwachsenen-Katechismus, hg. von der Deutschen Bischofskonferenz, Bonn 1985, 117.

27   Ebd., 117.

28   Enrico Chiavacci, Die ökonomische Realität Europas und die Konzeption des Christentums, in: Peter Hünermann (Hg.), Gott – ein Fremder in unserem Haus, Freiburg i. Br. 1996, 123–135, hier 130.

29   Vgl. Wilhelm Röpke, Die Lehre von der Wirtschaft, Bern 1994, 39.

30   Johannes Berger, Der diskrete Charme des Marktes, in: Gute Gesellschaft?, hg. von Jutta Allmendinger, Opladen 2001, 1124–1135, hier 1132.

31   Josef Rupert Geiselmann, Die theologische Anthropologie Johann Adam Möhlers, Freiburg i. Br. 1955, 111.

32   Niklas Luhmann, Die Realität der Massenmedien, Opladen ²1996, 9.

33   Friedhelm Neidhardt, Jenseits des Palavers. Funktionen politischer Öffentlichkeit, in: Wolfgang Wunden (Hg.), Öffentlichkeit und Kommunikationskultur, Frankfurt a. M., 19–30, hier 26f.

34   Norbert Elias, Die Gesellschaft der Individuen, Frankfurt a. M. 1987, passim.

35   Gerfried W. Hunold, Die Einsamkeit außen. Öffentlichkeit als Thema ethischer Reflexion, in: Wunden (Hg.), Öffentlichkeit und Kommunikationskultur, 139–150, hier 147.

36   *Communio et progressio*, Nr. 19.

37   *Communio et progressio*, Nr. 24.

38   Enzyklika *Mater et Magistra*, Nr. 219.

39   Franz Kübler, Art. Soziallehre, in: Lexikon für Theologie und Kirche, Freiburg i. Br. ²1964, 918.

40   *Gaudium et Spes*, Nr. 65.

41   Ernst-Wolfgang Böckenförde, Woran der Kapitalismus krankt, in: Süddeutsche Zeitung, 24. April 2009, 8.

42   Ebd.

43   Walter Kasper, Soziale Marktwirtschaft auf dem Prüfstand, in: Vortragsreihe Industrie- und Handelskammer Nordschwarzwald, o. J., 146–169, hier 154.

44   Andreas Zielcke, Wer regiert die Welt?, in: Süddeutsche Zeitung, 12. Dezember 2009, 4.

45   Matthäusevangelium 8,25.

46   Dietrich Bonhoeffer, Gesammelte Schriften, Bd. 4: Auslegungen – Predigten: 1933 bis 1944, München 1961, 148.

47   Peter Sloterdijk, Stress und Freiheit, Berlin 2011, 27.

48   Bernd Ulrich, Gefühl oder Wahrheit, in: Die Zeit, 6. April 2005, 1.

49   Ebd.

50   Matthias Drobinski, Die Kraft des Anstößigen, in: Süddeutsche Zeitung, 22. November 2008, 4.

51   Bonhoeffer, Gesammelte Schriften 4, 148.

52   Wim Wenders, Fragen an das Leben, in: chrismon, Heft 12, 2008, 44.

53   Dietrich Bonhoeffer, Widerstand und Ergebung, München ³1985, 327f.

54   Dietrich Bonhoeffer, zit. nach: Eberhard Bethge, Dietrich Bonhoeffer. Eine Biographie, München ⁶1986, 248.

55   Aus dem Talmud.

56   Arnold Stadler, »Alle Menschen lügen. Alle« und andere Psalmen, Frankfurt a. M. 1999, 29.